Julian Sleigh
Freunde und Liebende

Julian Sleigh

Freunde und Liebende

Balance
in jeder Beziehung

Aus dem Englischen von Dorothea Sonstenes

Urachhaus

Die englische Originalausgabe erschien 1998 unter dem Titel
Friends and Lovers – Working through Relationships
im Verlag Florisbooks, Edinburgh.

ISBN 978-3-8251-5155-3

Erschienen 2018 im Verlag Urachhaus
www.urachhaus.com

© 2018 Verlag Freies Geistesleben & Urachhaus GmbH, Stuttgart
© 1998 Julian Sleigh
Umschlaggestaltung: U. Weismann
Umschlagabbildung: © akg-images / Tony Vaccaro
Satz: Bernd Burkart; www.form-und-produktion.de
Gesamtherstellung: CPI books GmbH, Leck

Inhalt

Vorwort

Es war meine Absicht, Gedanken und Erfahrungen mit Ihnen zu teilen, die, wie ich hoffe, Ihre Beziehungen bereichern und Ihr Verständnis von sich selber in diesen Beziehungen vertiefen werden. Sie sind nicht als endgültige Behauptungen zu verstehen, sondern als Anregung zu persönlicher Forschung.

Gelegentlich berufe ich mich auf Gesichtspunkte der Geisteswissenschaft Rudolf Steiners, da ich mir bewusst bin, dass ein Bedürfnis nach einem tieferen Verständnis besteht, das uns durch die anthroposophische Literatur zugänglich ist.

Auch habe ich mich hin und wieder auf die Christengemeinschaft bezogen. Dies ist eine weit verbreitete Bewegung, die sich mit der religiösen Erneuerung in unserer Zeit beschäftigt und die sieben Sakramente in neuer Form zelebriert.

Mein Dank gilt zahlreichen Kollegen und Freunden, die dazu beigetragen haben, meine Ideen zu erweitern, und die mich ermutigt haben, diese mitzuteilen. Meinen besonderen Dank aber möchte ich meinen nächsten und wertvollsten menschlichen Beziehungen aussprechen, meiner Frau Renate und unseren Kindern, die inzwischen erwachsen sind. Sie haben mir geholfen, in Zeiten großer Veränderungen mitzuhalten.

Julian Sleigh

1. Aufbruch

Jeder Mensch ist seelisch berührbar. Das Gefühl, das wir für andere Menschen empfinden, kann uns erfüllen, und die anderen spüren das. Zwischen Menschen, die ein warmes Fühlen füreinander entwickeln, geht etwas hin und her. Das Fühlen selbst erfüllt die Seelen und verbindet sie. Und wenn wir für die Macht des Fühlens offen sind, dann kann dieses Berührtsein in jedem von uns lebendig und aktiv sein.

Freundschaft kann nur existieren, wo dieses Berührtsein stattfindet. Freundschaft ist ein Phänomen, das man respektieren und bewundern sollte. Sie ist ein Geschenk, das jeder Einzelne von uns pflegen kann, sie kommt nicht von selbst. Sie ist etwas Kostbares.

Wir werden uns daranwagen, dieses Phänomen zu beleuchten. Wir werden Seelenregungen aufspüren, die zart und nicht leicht in Worte zu fassen sind. Wir werden versuchen, Leitlinien zu finden, die uns helfen, in der Liebe zu wachsen, das Berührtsein zu steigern und über das neu zu entdeckende Fühlen beglückt zu sein. Wir werden uns darum bemühen, unsere Gemeinsamkeit tiefer zu verstehen und einen Weg zu finden, gegenseitige Verbindlichkeit aufzubauen, die zu der Freiheit, auf die jeder moderne Mensch ein volles Recht hat, in keinem Widerspruch steht.

Wir leben in einer Zeit, in der alle Formen des Zusammenlebens neu überdacht werden: die Institution der Ehe, sinnvolles Elternsein, die Rolle sexueller Freiheit sowie Enthaltsamkeit in unserem Alltag. Es ist eine Herausforderung, in diesem Labyrinth Lösungen zu finden, die eindeutig, überzeugend und tragbar sind. Es existiert ein ernsthaftes Bedürfnis, in der Kunst des harmonischen Zusammenlebens die Meisterschaft zu erlangen.

Wer die apokalyptischen Zeichen wahrnimmt und sieht, wie die Freiheit des Menschen als Individuum wächst, kann die Vorzeichen eines künftigen »Krieges aller gegen alle« nicht übersehen. Kämpfe zwischen Volksstämmen, Spannungen zwischen Wirtschaftsblöcken, Rassismus und Konflikte zwischen Nationen stehen für diejenigen, die den Frieden anstreben, weniger im Mittelpunkt. Obwohl viele dieser Konflikte immer noch die politische Szene dominieren, liegt das wesentliche Problem zunehmend mehr im privaten Bereich.

Viele Menschen scheinen nicht mehr in der Lage zu sein, mit einem Ehepartner, den sie in aller Freiheit gewählt haben, sinnvoll und friedlich zusammenzuleben. Kinder leiden darunter, dass ihre Eltern es nicht schaffen, sie sinnvoll zu erziehen, und verhalten sich gegenüber schwachen Autoritätspersonen ablehnend. Das Vertrauen zwischen Freunden, Bekannten und Kollegen hat in der westlichen Welt deutlich abgenommen. Die Menschen leiden unter einer seelischen Einsamkeit, die immer stärker an ihnen zehrt. Zahlreiche Versuche, neue Formen von Gemeinschaften zu begründen, sind ein Zeichen dafür, wie schwierig es ist, aufrichtig zusammenzuleben und zu arbeiten, ohne dass man seine persönliche Freiheit und seine Sehnsucht danach, als Individuum leben zu können, opfern muss.

Etwas genial Einfaches kann uns zu einem Verständnis dafür führen, wie wir miteinander umgehen, uns gegenseitig verstehen und unterstützen können. Es ist ein Teil von uns, von dir und von mir: unsere beiden Hände. Sieh dir an, wie sie sich zueinander verhalten: auf ganz natürliche und doch perfekte Art und Weise. Wenn die eine anführt, folgt die andere. Sie akzeptieren sich vollkommen und behindern sich niemals gegenseitig. Anmut und Harmonie bestimmen ihr Zusammenspiel, jede für sich hat ihre Stärken und Schwächen, aber sie gleichen einander aus und ergänzen sich. Sie sind für uns ein ständig gegenwärtiges und doch immer wieder wechselndes Bild von Zusammenhalt, Kameradschaft und Freundschaft. Und all das geschieht in solcher Stille, dass wir ihre Kunst des Zusammenwirkens für selbstverständlich halten. Tiefe Weisheit und ein herzerwärmendes Zusammenspiel liegen in dieser Gegenseitigkeit, die in jeden von uns eingeschrieben ist.

2. Ein vollständiger Mensch sein

Was wünschen oder brauchen wir für ein gesundes Selbstbewusstsein? Wie erlangen wir das Gefühl, erfüllt zu sein? Wie können wir unser alltägliches Selbst ergreifen und – durch dieses hindurch – zu unserem höheren Selbst Zugang finden? Solche Fragen müssen beantwortet werden, bevor wir dauerhafte Beziehungen zu anderen eingehen können. Ein richtiges Verhältnis zu uns selbst muss an erster Stelle stehen.

Erfüllung zu finden, ist nicht einfach. Wir müssen ernsthaft an uns arbeiten, um zu selbstbestimmten, zielgerichteten Menschen zu werden, die in der Lage sind, mit Ereignissen unmittelbar fertig zu werden und Rückschläge in wertvolle Erfahrungen zu verwandeln, die den Horizont für zukünftige Erfolge erweitern. Wer nach Erfüllung strebt, wird realisieren müssen, dass dies einen Entwicklungsprozess erfordert. Dieser Prozess besteht aus fünf wesentlichen Elementen.

Es ist ein Grundbedürfnis, zu wissen, *warum wir da sind*. Das klingt vielleicht selbstverständlich, aber wie viele von uns können mit Gewissheit sagen, was unsere Lebensaufgabe ist? Allgemeinplätze fallen uns schnell ein, aber sie haben mit unseren wahren Zielen oft wenig zu tun. Sie sind kein Ersatz dafür, an den Sinn unserer individuellen Existenz zu glauben und darauf zu vertrauen, dass wir diesen auch verwirklichen können. Dieses Vertrauen kann sich nur aus der Erkenntnis unseres eigenen Schicksals heraus entwickeln.

Können wir in unserer Biografie die Zeichen lesen, die unsere Aufgabe offenbaren? Der Ort, an dem wir geboren wurden, die Familie, das Klima, die prägenden Ereignisse, so wie sie sich in unserem Leben bis zum heutigen Zeitpunkt abgespielt haben, die Rhythmen und Wiederholungen, die unserer Lebensgeschichte ein Gerüst gegeben haben, die Ereignisse, die unsere Entwicklung behindert oder gefördert haben, unsere Talente und unsere Schwächen, unsere Zweifel und unser Vertrauen, die sich widersprechenden Ziele, auf die sich unser Ehrgeiz richtet: All dies zusammen weist in deutlicher Sprache auf unsere Lebensaufgabe hin.

Wir werden nichts erreichen, wenn wir uns zwar Ziele setzen, aber die Kräfte nicht sammeln und die Fähigkeiten nicht ausbilden, diese auch wirklich zu erreichen. Es ist eine Frage der *Selbstbestimmung* – und damit der Willenskraft. Der Wille ist eine mysteriöse Kraft in der menschlichen Seele. Nur allzu leicht kann er durch unsere Gewohnheiten und Vorlieben, und nicht zuletzt durch Süchte gebannt und dadurch in großem Maße unfrei sein. Es erfordert echtes Bemühen, ihn von diesen unbewussten Zwängen freizukämpfen, damit er für die leitenden Gedanken und Bilder aus dem höheren Teil seiner Seele aufnahmebereit ist. Fortwährende Motivation und Übung sind notwendig: Nur durch Selbstdisziplin können wir die Meisterschaft des bewussten Strebens über die unbewussten Triebe erringen. Solange wir keine klare Vorstellung von unserer Lebensaufgabe und die Selbstdisziplin errungen haben, mit der wir unsere Seelenenergie lenken, wird der Zugang zur persönlichen Erfüllung für uns verschlossen bleiben.

Der strebende Mensch muss darauf achten, dass seine Entschlüsse nicht von Stimmungsschwankungen untergraben werden. Die Ereignisse des Lebens sollen uns durchaus mit Freude und Begeisterung erfüllen, solange nicht Euphorie das Ruder ergreift. Eine gewisse nachdenkliche Innerlichkeit ist stets wünschenswert, solange dadurch die Initiative nicht geschwächt wird und wir uns in Depressionen hinabziehen lassen.

Damit wir nicht den Halt verlieren, müssen *Zufriedenheit und Erfüllung* gefühlsmäßig im Gleichgewicht sein. Gleichmut bewahrt den Menschen davor, von seinen Gefühlen mitgerissen zu werden. Wut, Angst und Scham wühlen die Seele nicht nur auf und schränken sie dadurch ein, sie untergraben auch die körperliche Gesundheit und verursachen Stress. Eine ausgeglichene Seelenverfassung verhindert unregelmäßige Atmung und eine Belastung des Herzens, wodurch dieses Organ dem höheren Selbst frei zur Verfügung stehen kann. All dies erfordert ständige Aufmerksamkeit von uns.

Eine vierte Notwendigkeit für einen gut funktionierenden Menschen ist eine *positive Lebenseinstellung* gegenüber allem, was wir sind und was uns geschieht. Alles hat sein Gutes, und wenn wir richtig damit umgehen, kann sogar etwas abgründig Böses einen Reichtum an Gutem freisetzen. Dasselbe Zauberwort kann Hässlichkeit in Schönheit verwandeln und Unwahrheit in Wahrheit. Das Gute, Wahre und Schöne, diese ewigen Qualitäten, können in allem gefunden werden, das uns im Leben begegnet, so negativ es auch erscheinen mag. Eine positive Erkenntnis kann verborgene Werte enthüllen, mit deren Hilfe das Hässliche, das Falsche und das Abgründige erlöst werden. Ein solches Bemühen um Positivität macht das freie Strömen des Fühlens möglich. Wir erfahren das Leben als gut, wahr und schön, und dies hat eine Wirkung auf alles, zu dem wir in Beziehung treten: Andere fühlen sich zu uns hingezogen, und wir begegnen ihnen mit Empathie.

Die fünfte, grundlegende Qualität, die im Menschen ein Fundament zur Erfüllung legt, ist *Offenheit*. In der Freundschaft und im Aufbau von Beziehungen ist Offenheit unerlässlich. Und es muss uns bewusst sein, dass wir ständig daran zu arbeiten haben – und in bestimmten Momenten oder Phasen sogar mit besonderem Nachdruck. Dies gilt vor allem dann, wenn es darum geht, einen anderen Menschen in unserem Leben zu akzeptieren. (Auf diesen Aspekt werden wir später noch eingehen.)

Offenheit erfordert jedoch mehr, als nur auf einen anderen Menschen zuzugehen. Sie erfordert die Bereitschaft, von allem zu lernen, auch dort, wo wir dies kaum erwarten. Wenn wir uns neuen Erfahrungen widersetzen, neue Ideen abweisen und alles von uns abprallen lassen, das unserem Denken neuen Inhalt geben könnte, dann verlieren wir den Anschluss an unser höheres Selbst. Und ohne diesen Anschluss schrumpfen und verhärten wir – und verdorren schließlich. Wenn wir aber bereit sind, unsere Verhaltensmuster zu ändern, dann lassen wir den Einfluss unseres höheren Selbstes zu. Dies führt zu einer Bereicherung und Befruchtung unseres gewöhnlichen Selbstes: Wir erkennen, wer wir wirklich sind, und können dies in unserem Alltag zum Ausdruck bringen.

Hier haben wir fünf Organe, die wir auf unserem Weg zur Erfüllung brauchen. Sie sind in fünf der sechs Übungen begründet, mit Hilfe derer der Mensch einen Weg der inneren Entwicklung antreten kann. Das sechste Organ stellt das harmonische Miteinander der anderen fünf dar.

Noch mal zusammengefasst. Die fünf Schritte sind:
1. eine klare Selbstwahrnehmung,
2. selbstbestimmtes Handeln,
3. Ausgeglichenheit,
4. Positivität,
5. die Offenheit, Neuem zu begegnen und neue Erfahrungen zu machen.

3. Wie geht es mir?

Bevor wir mit anderen eine Beziehung eingehen können, ist es unerlässlich, ein gutes Verhältnis zu uns selbst zu haben. Dies ist die Grundlage jeder Beziehung zu anderen. Man kann so weit gehen, zu sagen: Wie stark oder schwach unsere Beziehung zu anderen ist, hängt davon ab, welches Verhältnis wir zu uns selbst haben.

Alleinsein ist im Gegensatz zu Einsamkeit ein schöner Zustand, vor allem dann, wenn er frei gewählt und in wirkliche Stille, Frieden und natürliche Schönheit eingebettet ist. Jeder Mensch ist im tiefsten Inneren ein Einzelgänger, und dieses gesunde Einzeln-Sein verlangt nach dauernder Erneuerung und Pflege. Selbst wenn er in eine Familie eingebettet, von Liebe umgeben und getragen ist, braucht jeder Mensch Zeiten, in denen er »zu sich« kommt: Zeiten des Alleinseins, selbst wenn sich diese wie Einsamkeit anfühlen. Es gibt ein fundamentales Bedürfnis des Menschen, über Zeit zur Besinnung verfügen zu können. Zeit zum Gebet, zum Nachdenken, zum Verarbeiten von Erlebnissen, zum Schreiben und zur Erneuerung unserer Entschlüsse. Auch wenn man liest, zum eigenen Vergnügen, muss man sich von anderen Menschen zurückziehen. Man muss uns dann allein und in Ruhe lassen, unser Bedürfnis nach Alleinsein respektieren. Nur auf diesem Weg können wir unsere seelischen

Kräfte erneuern, aus denen heraus wir der Welt etwas zu geben haben.

Es muss für uns möglich werden, die Stille zu hören, und das ist nicht einfach, wenn mechanische Geräusche unsere Umgebung durchdringen – und all unsere energiesparenden Geräte sind letzten Endes immer noch laut! Wir haben uns an die Annehmlichkeiten elektrischer Geräte gewöhnt, die uns viel Mühe und Arbeit ersparen, doch manchmal denken wir nicht an den Preis, den wir dafür zahlen. Sie zehren an unseren Nerven, und sie haben die seltsame Eigenschaft, sich gerade dann aufzudrängen, wenn wir uns nach Stille sehnen. Man denke nur an den Unterschied, den das Geräusch einer Sichel oder Gartenschere im Vergleich zu einem Motorrasenmäher oder einer elektrischen Motorsense verursacht!

Aber selbst wenn Alleinsein und Ruhe gewährleistet sind, ist es oft unmöglich, vollkommen still zu sein. Denn es bleibt der Aufruhr der eigenen Gefühle. Die Sorgen und Ängste, die Sehnsüchte und Enttäuschungen, die Verletzungen durch andere, die Ablehnung und das Gefühl des Versagens: Jedes einzelne dieser Elemente trägt bei zum Missklang in der Seele. Wenn wir unseren täglichen Verrichtungen nachgehen, beachten wir dies vielleicht nicht – es gibt ja jederzeit mehr als genug Möglichkeiten zur Ablenkung. Und wenn diese in den Hintergrund treten, sieht das seelische Stimmengewirr seine Chance gekommen. Wir müssen all das zur Ruhe bringen, bevor das Alleinsein unsere Energien heilen und erneuern kann.

Es ist nicht leicht, Frieden und innere Ruhe in unserer Seele herzustellen. Eine Möglichkeit besteht darin, uns die Fragen, Erinnerungen oder Sorgen, die uns quälen, bewusst zu machen: Indem wir über sie nachdenken, entreißen wir sie den Klauen der Gefühle. Das klare Denken kann durch das Gespräch mit jemandem, der gut zuhört, angeregt werden. Oder wir schreiben auf, was die Gefühle in Aufruhr gebracht hat – egal, wie wir uns äußern: Wir werden kreativ. Wir können uns beispielsweise auch einer Kunstform zuwenden, die den Schöpfer in uns direkt anspricht. Auf diese Weise erheben wir die Angelegenheit in die göttliche Sphäre, von der wir alle umgeben sind. Unser Leben wird bereichert, wenn wir diese andere Sphäre erreichen, die uns dabei helfen kann, an unseren Gefühlen zu arbeiten und sie zu beruhigen. Keiner von uns ist wirklich allein, denn der spirituelle Teil unserer Existenz begleitet uns überall, und wir können ihn jederzeit hereinrufen. Der Zugang findet in den Gedanken statt, sie können uns führen, wenn wir uns ihnen in schweigender Offenheit zuwenden.

Diese Tätigkeit kann uns zu unserer eigenen schöpferischen Quelle zurückführen, dem Ort in unserer Seele, an dem wir uns mit der ewigen Weisheit und der kreativen Energie der geistigen Welt vereinigen. Damit sich dieser Zugang erschließt, müssen wir alle Vorurteile und vorgefassten Meinungen wegräumen, alle festgelegten Haltungen, die unsere Offenheit einschränken. Sie sind Hindernisse, die einem freien Denken im Wege stehen. So beängstigend es ist, Standpunkte aufzugeben, die unsere Auffassung von der Welt untermauern: Wenn wir es schaffen, sie loszulassen, begeben wir uns aus einem stehenden Gewässer in einen lebendigen Strom. Wenn wir diesen Mut nicht aufbringen, können wir zwar so etwas wie Sicherheit empfinden, indem wir eine Position beibehalten, aber man muss sich nur einmal die Erfrischung vorstellen, die in uns einzieht, wenn wir für neue Gedanken und Inspirationen offen sind, die aus dem Fundus unserer eigenen inneren Weisheit entspringen!

Es bedeutet nichts anderes, als den Dichter in uns zu entdecken. Wir dürfen Menschen werden, die alles, das auf sie zukommt, als Ausdruck einer tieferen Weisheit, als Botschaft, als Heilung und als inneres Bild erkennen, an dem wir uns orientieren können. Solche Menschen halten ihre Vorstellungskraft lebendig und wirken heilend auf ihre Umgebung: Aus ihrer reinen Denkkraft heraus können sie ein Gefühl für das Gute entwickeln.

Wer die Regungen moralischer Phantasie in seinem persönlichen, inneren Leben erfährt, wird den Wert des Alleinseins schätzen können. Wenn wir für unsere innere Stimme, die in unserer Seele leise, aber klar zu uns spricht, ein Gehör entwickeln, eine Stimme, die von emotionalem Stress, Schuldgefühlen, Angst oder Scham frei ist, dann verbinden wir uns mit unserem »besseren Teil«, unserem höheren Selbst, unserem ewigen Anteil. Dies hilft uns, das »Durch-Klingen«, das *per-sonare,* von Weisheit, Heilungskräften und der richtigen Motivation in die irdische, bewusste Seite unseres Wesens zuzulassen. Dadurch werden wir zu vollkommeneren Menschen, die frei sind:

- von der Abhängigkeit von anderen Menschen, Institutionen oder festen Standpunkten;
- von Co-Abhängigkeit, die aus der unbewussten Übernahme von Mustern stammt und die Tendenz hat, unser Verhalten wie eine Sucht zu beherrschen;
- vom bestimmenden Einfluss durch unsere Erziehung, unsere Rasse, unsere Nationalität, durch den Lebensstil unserer Familie, durch politische Propaganda, einschränkende Religion, Gewohnheiten, die aus Unsicherheit heraus entstanden sind, usw.;
- von Schamgefühlen (etwa von Momenten, in denen ein schmerzliches Erlebnis, das wir verdeckt halten wollten, aus unseren Tiefen aufsteigt, aufgestört und ans Tageslicht gezogen wird; etwas, aus dem heraus wir uns selber ablehnen möchten);
- von aufgestautem Stress – und dadurch in der Lage, auf die gegenwärtige Situation angemessen zu reagieren;
- so zu leben, wie wir es wollen.

Ein schwaches Selbstbild weist darauf hin, dass sich der Mensch über sein wahres Selbst, *über das alltägliche Selbst hinaus,* noch nicht bewusst ist. Er ist mit dem unendlich Guten, Schönen und Wahren noch nicht in Berührung gekommen. Wenn er erkennen kann, wer er ist, kann er auf seinem Weg weiterschreiten. Dann kann er glücklich sein.

Es gibt viele Denker, die das Potenzial, das im menschlichen Wesen liegt, sich über das Alltägliche zu erheben, erkannt haben und es mit Qualitäten versehen, die weitgehend in der Seele schlummern: Ein Potenzial, das darauf wartet, erweckt zu werden, um den Menschen zu immer größeren Höhen seines Wesens zu erheben.

Dies wurde u. a. in der Renaissance erkannt, durch Autoren wie Pico della Mirandola (1463–1494), ein Mitglied der Gruppe von Philosophen um Lorenzo de Medici. Pico schrieb, der Mensch sei in der Lage, unter das Verhalten des Tieres herabzufallen, oder das hohe Wesen eines Engels anzustreben.[1]

Zu Beginn des 20. Jahrhunderts schrieb Rudolf Steiner (1861–1925), jeder Mensch sei dazu befähigt, die Erkenntnis geistiger Realitäten zu erlangen.[2]

Und der amerikanische Psychologe Abraham Maslow (1908–1970) entwickelte das Konzept der Selbst-Aktualisierung, um auf die Steigerung der menschlichen Fähigkeiten hinzuweisen, mit denen der Mensch sein volles Potenzial entfalten und einsetzen könnte.[3]

Eine solche Erweiterung kann nur durch Zeiten des Alleinseins herbeigeführt werden. Und nur, wenn wir bereit sind, Ein-

---

1 Giovanni Pico della Mirandola, Über die Würde des Menschen. Meiner, Hamburg 1990.
2 Siehe die ersten Sätze von *Wie erlangt man Erkenntnisse der höheren Welten?* Rudolf Steiner Verlag, Dornach 1993.
3 Frank Goble, *Die dritte Kraft: A. H. Maslows Beitrag zu einer Psychologie seelischer Gesundheit.* Olten 1979.

sichten in unser Leben hereinzulassen, auch wenn diese für die bestehenden Gedankenmuster eine Herausforderung sind. Und auch nur dann, wenn wir demütig genug sind, auf das zu hören, was aus der uns umgebenden Welt auf uns zukommt.

4. Offenheit

Wie können wir einen Weg finden, um gut miteinander auszukommen? Was müssen wir tun, um die Fähigkeiten und Haltungen zu entwickeln, die für Harmonie und Freundschaft förderlich sind? Wie können wir eine Beziehung herstellen, die sinnvoll und wohltuend ist? Wenn wir Antworten auf diese Fragen finden könnten, würden wir der Menschheit helfen, das Zeitalter der Brüderlichkeit zu erreichen – und damit auch unserem eigenen Leben mehr Bedeutung verleihen.

Ein erster Schritt wäre, zu untersuchen, was geschieht, wenn Menschen überhaupt miteinander umgehen, wenn sie inter-agieren. Wir halten nicht oft inne, um darüber nachzudenken, wie wir uns in Beziehungen verhalten. Die Wirkungen treten in unser Bewusstsein, und dann fragen wir uns vielleicht, warum eine Begegnung angenehm oder weniger angenehm war. Wenn wir jede Begegnung beherrschen, wenn wir uns über jeden Schritt und die Reaktion darauf bewusst sein könnten, würde uns dies wahrscheinlich von der eigentlichen Realität der Begegnung mit einem anderen Menschen ablenken. Aber wir haben die Möglichkeit, im Nachhinein eine Begegnung näher anzusehen, wenn die Erinnerung daran noch frisch ist. Versuchen wir zu analysieren, was passiert.

Wir treffen jemanden. Es gibt Augenkontakt, vielleicht auch

eine Berührung der Hände, eine Art von Begrüßung, oftmals ganz instinktiv, und dies schlägt augenblicklich den Ton an für die weitere Begegnung. Unsere Fähigkeit des Fühlens reagiert zuerst, es ist geheimnisvoll, wie das geschieht. Wenn sich die Begegnung zu etwas Bedeutungsvollem entwickeln soll, dann wird unser Fühlen zum anderen hin fließen – und ebenso sein Fühlen zu uns. Was dieser Austausch vermittelt, hängt von den Umständen und dem Grund unserer Begegnung ab, und auch davon, wie wir miteinander umgehen. Eine wahre Begegnung durchläuft verschiedene Stufen des Erkennens und Anerkennens des anderen, und der Erfolg unseres Zusammenseins hängt von dem Raum ab, den wir diesem Prozess zugestehen. Wir sehen uns, und Fühlen fließt; wir erkennen uns, wir erkennen die Existenz des anderen an; wir begrüßen uns, verbal oder wortlos; wir haben ein Gespräch.

Unser Gespräch bleibt vielleicht nicht durch die ganze Begegnung hindurch auf der gleichen Ebene, aber höchstwahrscheinlich beginnen wir mit einer von vier möglichen Verhaltensweisen.

Unser Gespräch kann sich auf der *Ebene des Denkens* bewegen. Dabei kann es objektiv bleiben, es geht um Ideen oder Fakten. Wir begegnen uns »da draußen«, im Bereich der Gedanken. Wie wir diese Gedanken mitteilen, kann entweder zu größerer Nähe führen oder zu kühler Distanz. Im schlimmsten Fall kann der Austausch durch Differenzen blockiert oder gar beendet werden, mit dem Übereinkommen, dass wir verschiedener Meinung sind, oder dass wir uns nicht einigen können und aufgeben. Als Alternative, und weil wir uns um Verständnis bemühen, können sich die Ideen aber auch entwickeln, klarer werden und sich gegenseitig befruchten. Zwei Menschen mit ihrer individuellen Vergangenheit und Gegenwart können sich auf die Gedanken des anderen einstimmen und eine erfreuliche Begegnung haben, wenn sie sich gegenseitig hören, ohne an ihre eigenen Reaktionen gefesselt zu sein. Oft genug hängen wir in Gedanken fest, die spontan in uns aufsteigen, und wir reagieren auf das, was der andere sagt: »Ich glaube, du hörst mir gar nicht zu!« Das ist die oft gehörte Klage. Auf die Gedankenprozesse eines anderen zu hören, ist eine Fähigkeit, die Anstrengung erfordert: eine Selbstlosigkeit, die den Gedanken Raum gibt, die die andere Person formuliert.

Angenommen, der andere macht eine Behauptung und wir vertreten vehement eine andere Meinung. Unsere festgefahrene Einstellung ist bedroht, und wir gehen in die Offensive. *Was für ein Unsinn! Wie kann er wagen, so etwas zu behaupten!* Es erfordert Mut, von seinem hohen Ross hinabzusteigen, sich auf die gleiche Höhe neben ihn zu stellen und ihn zu bitten, seinen Standpunkt genauer zu erklären. Wenn wir diese Herausforderung annehmen, dann geben wir uns die Chance, unseren Horizont zu erweitern und bei diesem Prozess zu wachsen. Wir mögen bescheidener daraus hervorgehen, aber auch weiser und sicherer in uns selbst.

Das Wort »Verstehen« (im Englischen: *under-stand*) enthält in sich die Geste des Unterstützens »von unten«. Wenn wir in diesem Sinne verstehen können, wird sich der andere als Person bestätigt fühlen und nicht das Gefühl haben, dass er sich mit seiner Behauptung identifizieren und diese um jeden Preis verteidigen muss. Die Behauptung steht nun zwischen euch als gemeinsame Frage, die euch verbindet. Weil du Interesse gezeigt hast, könnt ihr nun die Sache gemeinsam ansehen, nicht als Gegenspieler. Sein Stolz ist weniger getroffen, und vielleicht kann er sogar neu erwägen, was er vorher als Behauptung aufgestellt hatte. Der weitere Verlauf des Gesprächs wird für dich und dein Gegenüber erhellend sein.

Wie ist es dazu gekommen? Indem du *Offenheit* gezeigt hast. Du hast bewiesen, dass du offen dafür bist, dazuzulernen. Du fühlst dich durch diesen Austausch weder bedroht oder geschwächt, noch gedrängt, dich verteidigen zu müssen. Und dem anderen geht es genauso. Du hast zugehört – und das kann zur Folge haben, dass dein Gegenüber auch offen und geneigt sein wird, deine Bedenken wegen seiner Behauptung ernst zu nehmen. Eure Beziehung wird an Tiefe und Wärme gewinnen: Antipathie, Opposition und Konflikt werden kein Thema mehr sein.

Bis zu diesem Punkt sind wir auf der Ebene des Denkens geblieben, und die Bedrohung wurde durch Offenheit abgewendet. Eine emotionale Reaktion hätte das Bemühen um die Wahrheit getrübt und eine andere Art des Umgehens miteinander auf den Plan gerufen. Denn wenn Gefühle aufgestört werden, geht die Objektivität verloren. Sie zieht sich in ihren Elfenbeinturm zurück und wartet, bis das Klima günstiger ist.

Was aber können wir tun, wenn die Begegnung von Anfang an emotional gefärbt ist? Der Mensch, der uns anspricht, lässt seinen Gefühlen (im Gegensatz zum »Fühlen«, siehe Kapitel 12) uns gegenüber freien Lauf. Oder er richtet diese gegen eine andere Person, in der Hoffnung, dadurch unsere Sympathie zu erlangen. Im Falle, dass die Emotion auf Wut oder Angst beruht, wird ihn das eine wie das andere nur schwächen. Es mag auch zum Teil ein Hilfeschrei sein, um im aufgewühlten Inneren wieder Ruhe einkehren zu lassen. Wut staut sich oft in der Magengegend, unser Körper fühlt den Stress.

Unsere Offenheit lässt uns hier die Emotion *als solche* erkennen. Sie lässt uns aber auch den Menschen sehen, der vorübergehend von ihr gefangen ist. Er ist nicht identisch mit der Emotion. Wir können das in aller Ruhe ansehen und uns sagen: »Du *bist* nicht deine Emotion.« Damit bleiben wir offen für den anderen Menschen, trotz seines emotionalen Zustands, und wir ermutigen ihn damit, alles auszusprechen, was ihn bewegt. Aber es hat keinen Zweck, mit ihm über das, was er in dieser Stimmung sagt, zu streiten, während er in diesem Zustand ist, oder ihm zu sagen: »Nein! Das ist nicht wahr.« Zu diesem Zeitpunkt ist für ihn genau das *wahr*, was er fühlt, und nicht das, was du behauptest. Seine Gefühle sind für ihn die Realität.

Sobald er damit beginnt, seine Misere zu beschreiben, und du ihn aufforderst, in Details zu gehen oder genau zu erklären, worum es ihm geht, wird sein Verstand aufgerufen, über das, was er sagt oder fühlt, nachzudenken, und nach und nach wird auf diese Weise seine Vernunft die Oberhand gewinnen. Damit hast du seine Würde als Person bestätigt.

Dein Ziel ist es, ihm dabei zu helfen, ein freier, authentischer, selbst-bestimmter, ausgewogener und offener Mensch zu sein. Wenn auch vielleicht nur vage, aber er wird dies spüren und sich dich zum Vorbild nehmen. Wenn du ebenfalls emotional auf seine Emotion reagierst, wirst du ihm nicht gerecht. Und wenn du sein Verhalten kritisierst, fühlt er sich angegriffen – aber nicht verstanden.

Und dann ist da der Bereich des Fühlens, das sich von der eben beschriebenen Emotion unterscheidet. Wenn jemand dir gegenüber ausdrückt, was er oder sie fühlt, dann kannst du diese Offenheit nur allzu leicht mit einer schlauen Bemerkung zerstören, die aus dem kalten, objektiven Bereich des Denkens kommt. Sagen wir, ein Kind zeigt dir im Herbst ein goldenes Laubblatt. Es möchte dir seine Freude an dieser Schönheit mitteilen, und du gibst ihm die Antwort: »Das ist nur ein totes Blatt, es ist wertlos.« Dann entwertest du damit das Kind und tötest etwas in seinem Gefühlsleben, vielleicht für immer. Und für dich selbst verlierst du die Chance, ein Erlebnis zu haben, welches das Kind dir vermitteln wollte.

Wir können die Verletzungen, die wir anderen auf diese Weise zufügen, besser verstehen, wenn wir uns daran erinnern, wie es sich anfühlt, wenn wir selbst betroffen sind. In einem Konzert kann es oft geschehen, dass man sich in dem Augenblick, in dem die Musik nach einem wunderbaren Schlussakkord endet, fühlend dem Nachklang hingibt. Und dann funkt dein Begleiter mit einer kritischen Bemerkung über den Solisten dazwischen, oder fragt ganz naiv: »Und? Wie fandest du's?« Schlagartig ist Schluss mit der Andacht: Im Gefühlsbereich zu bleiben, wird nicht zugelassen! Oder wenn du erreichen möchtest, dass dich eine Freundin besser versteht und du ihr deine Traurigkeit darüber mitteilst, wie du deine Situation gerade empfindest – und du erhältst als Antwort: »Ach was! Diese Gefühle solltest du gar nicht haben, es ist doch ganz anders, als du sagst.« Auch wenn dies noch als halbwegs freundliche Reaktion durchgehen kann – beinahe noch im Bereich des Fühlens –, holt es dich nicht da ab, wo du gerade bist. Du wirst dich zurückgewiesen fühlen. Und du wirst daraufhin weniger offen sein, weil dir selbst keine Offenheit entgegengebracht worden ist.

Ich war einmal tief betroffen durch etwas, das einem meiner Kinder zugestoßen war, und ein wohlmeinender, weiser Freund sagte zu mir: »Aber siehst du denn nicht? Es ist doch ihr Schicksal, deshalb ist ihr das passiert!« Diese kleine Prise aus dem Schatz der Weisheit half meinem Schmerz überhaupt nicht. Aber ich lernte daraus, niemals Gefühle mit Gedanken zu ersticken. Man sollte nie versuchen, den Schmerz wegzurationalisieren. Es ist ein Privileg des Menschen, verletzlich zu sein, denn damit wird das wahrhaft Menschliche im Menschen zugänglich. Die Voraussetzung hierfür ist allerdings, Verständnis und Behutsamkeit zu entwickeln. Anders gesagt: *Offenheit für das Fühlen* (siehe Kapitel 12).

Es ist interessant, dass ein Mensch nicht leicht Worte findet, solange er sich im Bereich des Fühlens befindet. Ausgenommen, man fühlt sich auf derselben Wellenlänge wie der Mensch, der einem zuhört – und dies findet nur dann statt, wenn der Mensch, mit dem man zusammen ist, wirklich ein Zuhörer ist. Nicht nur jemand, der auf Worte hört, sondern jemand, der die Gefühle wahrnehmen und unterscheiden kann, die vom Gegenüber kommen, die Schwingung, die weihevolle seelische Geste! Oft ist mit Schweigen das meiste gesagt, mit einer Geste, die vermittelt: »Du musst gar nicht viel sagen, und ich auch nicht; wir befinden uns in einer Kommunion.« Was mehr ist, als in Kommunikation zu sein.

Die tiefste Art und Weise, sich miteinander zu verbinden, ist dennoch die durch Taten. Wir können uns unterhalten und verständigen durch unsere gedankenerfüllten Worte, wir können einander unsere Gefühle auf poetische Weise oder durch Gesten mitteilen. Aber wenn wir gemeinsam an etwas arbeiten und durch unsere Zusammenarbeit Ergebnisse erzielen, dann verbinden wir uns am tiefsten. Wenn wir miteinander arbeiten, dann verbinden wir uns. Es mag Anpassung erfordern, Diskussionen, emotionalen Austausch, aber sobald wir geschafft haben, was wir uns vorgenommen haben, oder wenn wir Schwierigkeiten gemeinsam überwunden haben, entsteht eine unausgesprochene Verbindung zueinander. Wenn Freunde oder Partner den Eindruck haben, dass zwischen ihnen eine Distanz entstanden ist, deren Folge Entfremdung und Misstrauen sein können, dann ist nichts effektiver, als sich gemeinsam auf die Ebene des Willens zu begeben und sich gegenseitig zu helfen, durch gemeinsames Bemühen, etwas zu schaffen, das von Bedeutung ist. Die gemeinsame Anstrengung und das gute Gefühl, das sich einstellt, wenn man etwas geschafft hat, sind wichtig. Es stellt die Offenheit zueinander wieder her.

Offenheit ist nichts Passives. Niemand kann dazu gezwungen werden, offen zu sein. Der Mensch muss sich von sich selbst aus öffnen, alles andere ist Zwang. Aber Offenheit ist meistens unbewusst. Sie bewusst zu gestalten, erfordert ein Erwachen zu den geheimnisvollen Vorgängen, die in Beziehungen walten.

Wir müssen bewusster werden, wenn wir Meister darin werden wollen, wie man mit Beziehungen umgeht, denn nur dann können wir sichergehen, dass wir uns nicht gegenseitig verletzen oder im alltäglichen Umgang miteinander Konflikte auslösen. Wir werden als Individuen nicht mehr durch unsere Familien oder unsere Volkszugehörigkeit im Zaum gehalten, auch nicht durch unseren persönlichen *Dämon* oder den einer Gruppe, nicht mehr durch die Furien, die früher das menschliche Bewusstsein von außen beherrscht haben, und nicht mehr durch ein kollektives Unbewusstes. Viele von uns haben sich auch von der Strenge der Religionen emanzipiert, die von uns die Beichte unserer Sünden verlangte sowie das fortwährende Bewusstsein dafür, die Grenze zu anderen Menschen nicht zu überschreiten. Und diese Entwicklung ist eingetreten, weil wir uns zu freien Individualitäten entwickeln, was wiederum dazu führt, jedem von uns die Verantwortung dafür zu übergeben, im Umgang miteinander bewusst zu sein.

Und dennoch stürzen wir uns oft Hals über Kopf in Beziehungen. Fast so, als fühlten wir einen Drang, uns mit anderen zu vereinigen, in ein größeres Ganzes einzutauchen und die Freiheit loszuwerden, die in der Menschheit so mühsam errungen worden ist – und finden es dann dennoch schwer, unsere Worte, Gesten und Taten im Griff zu haben. Kontakt, Kommunikation und auch Kommunion mit anderen brauchen wir zweifellos, jedoch droht dieses Miteinander ohne Bewusstsein und Selbstkontrolle in Verwirrung, Konflikte und Zwang auszuarten. Es ist auffallend, wie die kleine Vorsilbe »Kon-« bzw. »Kom-« unsere Begegnungen so positiv benennen und gleichzeitig so viele Schwierigkeiten ankündigen kann. In Beziehung zu sein, ist durchaus eine heikle Angelegenheit.

Unsere Betrachtungen zur Offenheit sind nur ein erster Schritt, wenn wir die notwendigen Fähigkeiten entdecken wollen, mit denen wir Beziehungen führen können. Jeder von uns kann sich sehr bemühen, auf bewusste Weise offen zu sein, aber die richtige Dynamik kann nur aufgebaut werden, wenn »die anderen« sich ebenfalls bemühen. Meine bewusste Offenheit dir gegenüber wird dir aber helfen, deinerseits das Vertrauen zu entwickeln, auch mir gegenüber offen zu sein. Und wir können uns darüber einigen, wie unsere Beziehung aussehen soll. Wir sind bereit, es zu akzeptieren, wenn unser Gegenüber uns darauf hinweist, wenn wir in die alte, unbewusste Art zurückfallen, in der wir miteinander umgehen (oder aufeinander reagieren). Wir müssen die natürliche Scheu überwinden, uns über unsere Ansichten zu diesen Fragen miteinander auszutauschen, und dafür ist es notwendig, jeglicher Form von Befangenheit oder Unsicherheit gewachsen zu sein. Es ist leichter für mich, wenn ich mich frage: »Wie geht es mir?«, als wenn wir uns beide fragen: »Wie geht es uns?« Doch wenn uns dies trotz aller Schwierigkeiten gelingt, wird es uns helfen. Dann ist unsere Offenheit gegenseitig, und unser Miteinander wird dadurch bereichert werden.

Denken zu Denken	Das ist kongruent.
Fühlen zu Fühlen	Das ist harmonisch.
Wollen zu Wollen	Das ist positiv.

Sind meine Gedanken von einem zu starken Willen durchdrungen, dann können sie deine zerstören, indem ich zu heftig oder kritisch auf sie einwirke. Ich kann damit dein Selbstgefühl verletzen und dich in Verwirrung stürzen, bis du entweder meinen Ideen nachgibst oder von mir Abstand nimmst. Damit wären meine Gedanken gedankenlos! Ich mag daraus zwar so hervorgehen, als sei ich der Klügere von uns beiden, aber ich habe dich verletzt. Wieso? Weil ich für dein Wesen, deine Sensibilität, deine Gedanken nicht offen war. Wir haben keine Beziehung hergestellt.

Meine Gedanken können auch deine Gefühle zerstören, wenn ich kritisch und intelligent auf das reagiere, was du mir mit starker Sensibilität und aus den Tiefen deiner Seele heraus mitteilst. Wir haben alle die Erfahrung gemacht, auf diese Weise eine Form der Abwertung zu erleben.

Meine Gedanken können auf deinen Willen einwirken und dazu führen, dass du dich eingeschränkt, unfrei, gehemmt und unmotiviert fühlst. Mit meinem kalten Verstand kann ich dich lähmen.

Gleichermaßen kann ich die Offenheit deiner Seele durch eine emotionale Reaktion untergraben: mit meiner Wut, meiner Angst, meiner Ungeduld, meiner Unhöflichkeit, meinem fehlenden Interesse, meiner Verachtung, meiner Eifersucht. All dies führt dazu, dass ich mich dir gegenüber verschließe und auf dich reagiere. Es macht die Offenheit zunichte.

Wenn mein Wille auf dein Denken einwirkt, ist das Gehirnwäsche.

Wenn mein Wille auf dein Gefühl einwirkt, ist dies eine Ablehnung deines Wesens.

Wenn mein Wille auf deinen Willen einwirkt, wird dich das entweder unterdrücken, versklaven oder einen heftigen Zusammenstoß hervorrufen.

Wenn wir uns also aufeinander einstimmen und in Harmonie zusammen sein wollen, dann müssen wir uns auf derselben Seelenebene befinden und offen füreinander sein. Wenn wir gemeinsam denken, dann führt dies Kommunikation herbei. Unsere Offenheit auf dieser Ebene des Fühlens fördert unser

Wohlbefinden. Unsere gemeinsame Arbeit führt zu einer Kommunion. Und wenn dies aus einer ausgewogenen, gegenseitigen Offenheit heraus entsteht, dann können wir in Freiheit und ohne Druck miteinander in Beziehung treten. Unsere Kommunikation wird Diskussion, Übereinstimmung und gegenseitiges Verständnis hervorbringen. Wenn wir uns miteinander wohlfühlen, wird Einsamkeit überwunden und unsere Achtung füreinander gestärkt. Unsere gegenseitige Kommunion schließt uns zu einer Gemeinschaft zusammen. Das Ergebnis ist dann: ein echtes Gefühl der Liebe. Unsere Beziehung ist von Großzügigkeit geprägt. Wir freuen uns mit, wenn es dem anderen gut geht und er Erfolg hat. Unsere Herzen werden sich weiten, und unser Lebensmut wird zunehmen.

5. Die Dynamik der Zuneigung

Bei der Hochzeit zu Kana war der Wein zu Ende gegangen. Maria sagte dies zu Jesus, und seine Antwort ist schwer zu verstehen. Er sagte: »Was zu dir und zu mir, oh Frau?«

Es gibt unterschiedliche Übersetzungen, so wie: »Weib, was habe ich mit dir zu schaffen?« (Luther); »Was willst du von mir, Frau?« (Jerusalemer Bibel); »Was kümmern dich meine Angelegenheiten, Frau?« (Menge-Bibel); »Frau, das ist meine Sache, nicht deine!« (Gute-Nachricht-Bibel).

Das Griechische ist sehr karg, wenn nicht kryptisch. Aber die beiden Dative deuten darauf hin, dass etwas zwischen Mutter und Sohn webt. Und dies hat zu tun mit der Frau in Maria, die ihm den Weg öffnet, sodass er handeln und ein Wunder vollbringen kann, worauf er sich nicht vorbereitet fühlt. Maria ist vollkommen zufrieden mit seiner Antwort und nun in der Lage, die Diener anzuweisen, seine Anordnungen auszuführen. Und tatsächlich, das Wasser wird in Wein verwandelt.

»Was waltet zwischen mir und dir, o Frau?« (Ogilvie). In diesem Fall hat es mit der Beziehung zwischen Mutter und Sohn zu tun, zwischen Frau und Mann. Es gibt zwar die Andeutung in die Richtung, Jesus sei von seiner Mutter abhängig, aber durch die Handlung, die darauf folgt, erkennen wir, dass er in der Tat durch das Ereignis unabhängig wird. Die Liebe zwischen ihnen ist unendlich stark. Dieselbe Liebe wird sich in der *Mater dolorosa* bei der Kreuzigung zeigen. Jesus spricht vom Kreuz herab zu ihr und dem geliebten Jünger: »Frau« (auch hier spricht er sie als Frau an, nicht als Mutter), »sieh deinen Sohn« – und damit meint er Johannes. Dieselbe Liebe macht einen neuen Schritt in der Menschheitsentwicklung möglich: Die Menschheit überwindet die Blutsbindungen und kann neue, freie, zielgerichtete Verbindungen herstellen, die sowohl tief geistiger als menschlicher Natur sind.

Dennoch sind es in erster Linie Blutsbande, welche das Gefühl der Zugehörigkeit und Zuneigung bewirken.

Wenn man zur selben Familie gehört, wenn man zusammen aufwächst und dabei die Freuden und Leiden des Lebens erfährt und auf diese Weise eine Treue zueinander entwickelt, entsteht dadurch ein Zugehörigkeitsgefühl. Das Ideal einer vollständigen Familie oder sogar Großfamilie, die möglicherweise drei Generationen umfasst, ein großes Haus und eine Welt von vertrauten Ritualen, die Harmonie und ein sinnvolles Zusammenleben gewährleisten, findet man heute in moderner oder halbwegs moderner Art und Weise nur noch selten. Die Großfamilie war der Übungsplatz, auf dem man lernte, Selbstbezogenheit zu überwinden, und er war für alle Mitglieder eine sichere Grundlage. Respekt und gegenseitiges Verständnis wurden hier gelernt und geübt. Aber im Zuge der Entfaltung von persönlicher Individualität und persönlichem Wachstum muss heutzutage jeder Mensch die Verantwortung für sein eigenes Leben übernehmen. Als Folge davon ist die Großfamilie durch viel kleinere Einheiten ersetzt worden: oftmals alleinstehende Eltern mit einem oder zwei Kindern oder Paare ohne Kinder. Wohnungen sind auf eine geringe Zahl kleiner Räume in Wohnblocks oder Etagenwohnungen geschrumpft. Und der Familienzusammenhalt hat abgenommen. Dennoch sind Blutsbande natürlich und werden immer als Antrieb für menschliche Zugehörigkeit und Zuneigung von Bedeutung sein.

Aber davon abgesehen: Weshalb mag ich dich? Vielleicht habe ich in deiner Anwesenheit ein gutes Gefühl. Du gibst mir Sicherheit, sogar wenn du nicht in der Nähe bist. Es strahlt etwas zwischen uns aus, das ich mag und das ich schätze. Es ist nichts, das ich erklären kann, denn Blutsbande sind es nicht. Aber vielleicht haben wir gemeinsam einen Berg bestiegen, oder wir sind gemeinsam durch einen seelischen Abgrund gegangen und haben uns gegenseitig geholfen. Ja, da ist etwas an dir, das ich mag, und ich habe das Gefühl, es ist gegenseitig. Ich glaube, es hat etwas damit zu tun, wie wir uns gegenseitig »sehen«; wir achten uns. Du entsprichst meinem Bild von einem Freund, du gibst mir das Gefühl, einen Wert zu haben. Etwas in unserer Beziehung ist stimmig.

Diese Sympathie kann nicht einfach willkürlich da sein, als glücklicher Zufall, als Harmonie, die einem geschenkt wurde. Dies können wir tiefer, mehr im Sinne eines Geheimnisses erfassen, wenn wir für die Idee von Karma offen sind. Dann fangen wir an, zu erkennen, was wirklich vor sich geht, wenn sich Menschen begegnen, und was hinter dieser Begegnung liegt. Wenn wir erfassen, dass wir durch das Wirken des Schicksals zusammengebracht wurden, erkennen wir den Sinn.

Aufgrund einer bestimmten Situation in unseren vorhergehenden Erdenleben haben wir uns in diesem Leben getroffen. Nach unserem Tod haben wir das Leben, das wir gelebt hatten, an uns vorbeiziehen lassen. Wir sahen unsere Taten, aber gleichzeitig konnten wir fühlen, wie der andere diese erlebt hat. Wir verstanden, wie viel davon falsch gelaufen oder unvollständig geblieben ist, und dies hat in uns die Sehnsucht erzeugt, eine neue Gelegenheit zu haben, in der wir die Dinge korrigieren können. Oft haben wir uns Verletzungen oder Schmerzen zugefügt, jetzt waren wir in der Lage, das Leiden zu spüren, das wir hervorgerufen haben, und wir waren darauf bedacht, einen Ausgleich zu schaffen.

Oder eben jener Lebensrückblick mag ein wichtiges Zusammentreffen wieder heraufgeholt haben, das zu keiner Erfüllung führen konnte. Wiederum eine Art von Unvollständigkeit, und auch dies hat den Wunsch hervorgerufen, uns wieder zu treffen. Deshalb kommt dies in unserem nächsten Leben zustande, und wir wissen beide, dass wir dazu bestimmt sind, etwas gemeinsam zu tun. Vielleicht fördert aber auch der Rückblick eine kurze Erfahrung gegenseitiger Liebe aus der Erinnerung zutage, einer Liebe unter bestimmten Umständen, in denen sie nicht gelebt werden konnte. Und nun fühlen wir uns wieder zueinander hingezogen, aber dieses Mal können wir unserer Liebe gerecht werden, vielleicht verlieben wir uns sogar ineinander. Eine ganze Reihe solcher Absichten sind zusammengekommen und haben das Karma gebildet, das wir in unser gegenwärtiges Leben mitgebracht haben. Sie waren die führende Kraft hinter den Begegnungen, die in unser Lebensmuster eingewebt wurden. Nur wissen wir dies nicht: Jegliches Bewusstsein davon wurde bei unserer Geburt ausgelöscht.

Diese Ideen erscheinen vielleicht seltsam oder sogar fremdartig, wenn man die Möglichkeit der wiederholten Erdenleben noch nicht in Betracht gezogen hat. In den östlichen spirituellen Überzeugungen ist das Gesetz des Karma der leitende Grundgedanke. Unsere Fehler wirken sich im nächsten oder in den folgenden Leben auf uns aus. Jede Verletzung, die wir jemandem zugefügt haben, jede Schuld, die wir nicht bezahlt haben, jeder Schaden, den wir angerichtet haben, verlangt nach einem Ausgleich in einem darauffolgenden Leben. Das bedeutet, dass die Menschen, denen wir begegnen, und die Ereignisse, die in unserem Leben stattfinden, nicht auf Zufall beruhen, sondern uns durch das Schicksalsgesetz zugeschrieben worden sind. Wir bekommen die Chance, die negativen Taten unserer vorigen Biografie aufzulösen und zu klären. Wenn wir das nicht tun, bleibt eine karmische »Schuld«, die in einem zukünftigen Leben beglichen werden muss. Deshalb ist Karma als eisernes Gesetz zu verstehen.

Im 20. Jahrhundert ist durch Rudolf Steiner mit der Anthroposophie eine westliche Geisteswissenschaft in die Welt gekommen. In dieser wird Christus als der Herr des Karma gesehen. Und durch ihn ein Schicksalswirken, das von Mitleid geprägt ist. Das eiserne Gesetz wird dadurch ersetzt, dass eine selbstlose Liebe angeregt wird, mit deren Hilfe wir uns in schweren Lebenskrisen gegenseitig stützen können. Dieses Verständnis von Karma lässt den freien Willen bestehen. Karma kann uns zusammenbringen, wir können einander begegnen und miteinander handeln. Aber wie wir das tun, hängt von unserer eigenen Entscheidung im Hier und Jetzt ab, von unserem eigenen Verhalten, für das wir als Individuen volle Verantwortung übernehmen müssen. Wir können dem Karma nicht die Schuld geben für unsere Taten und unser Verhalten. Wir können es als starken Wunsch nach einem tiefen und intimen Verhältnis spüren, aber wie wir darauf reagieren, ist unsere freie Wahl.

Eine weitere starke Kraft, die Menschen zusammenführt, ist natürlich die sexuelle Dynamik, womit nicht unbedingt der sexuelle Drang gemeint sein muss. Das Phänomen der Trennung der Geschlechter ist tiefer und umfassender als der Trieb, sich mit einem anderen Menschen zu vereinigen, um eine starke physische oder seelische Erfahrung zu haben. Was mit Achtung und Verständnis für einen anderen Menschen zu tun hat, fühlt sich anders an, wenn dieser Mensch dem anderen Geschlecht angehört. Das gilt unabhängig von Altersunterschieden. Unser natürliches Mitgefühl ist angesprochen, ebenso unsere Kraft der Fürsorge. Dadurch kann das sexuelle Element eine Quelle der Zuneigung sein, denn das andere Geschlecht ist immer von anziehender Rätselhaftigkeit. Es fasziniert und ruft auf vielen Ebenen Reaktionen hervor. (Wir werden in den Kapiteln 18 und 19 noch genauer auf die Sexualität eingehen.)

Nur wenige Menschen sind in Bezug auf ihr Selbstbewusstsein und ihr Selbstwertgefühl nicht verletzlich. Und wer wirklich sicher in sich selbst zu sein scheint, verbirgt oft eine Weichheit oder sogar eine Wunde, die er in sich spürt, aber nicht offenbaren möchte. Wir alle sind schwach und versuchen, unser Gefühl, nicht auszureichen, zu verdecken. Aber unsere Schwäche ist menschlich. Wenn die Menschheit auch die Krone der Schöpfung und mit einem göttlichen Funken versehen ist, so stellt es doch den wahren Kern der Menschlichkeit dar, dass wir von Vollständigkeit in unserer Entwicklung weit entfernt sind. Das Potenzial eines Menschen für seelisches und geistiges Wachstum ist unbegrenzt.

Die Menschheit hat die Aufgabe, eine Vereinigung von Himmel und Erde herbeizuführen, und zwar mit Hilfe der geistigen Wesen: den Engeln und den höheren Hierarchien, die im Dienste des Christus wirken. Die Lehre des Christus, sein Wort, wird in einem Verschwinden der Trennung von Himmel und Erde kulminieren, wenn es von den menschlichen Seelen, die auf der Erde arbeiten, ergriffen wird. Seine Weisungen sind nicht nur in den Evangelien gesammelt und aufgeschrieben worden, sie klingen auch nach in unserer inneren Stimme, wenn wir es zulassen, sie zu vernehmen. Diese Anstöße, diese Weisungen werden allen gegeben werden, die eine innere Stille entwickeln, um Ideen und Impulse zu empfangen, die uns in der Entfaltung unseres individuellen Schicksals behilflich sind.

Unser Alltag, den wir mit Anderen in unterschiedlichem Grad

von Intimität und Offenheit teilen, bietet ständig Gelegenheit, Weisheiten und Erleuchtungen zu sammeln. Das Leben ist ein fortschreitender Weg der Einweihung, und zu Krisenzeiten findet das Lernen besonders intensiv statt. Wir befinden uns alle auf einem Pfad der Entwicklung, und wir werden von dem angeregt, was uns als Erfahrung entgegenkommt. Wir streben danach, durch unsere eigene Bemühung und Absicht etwas zu erreichen. Wenn wir schon vollkommen wären, dann gäbe es auch keine Entwicklung. Und da wir es nicht sind und uns deshalb stetig weiterentwickeln können, sind wir verwundbar und unsicher. Jemand, der meint, er wisse bereits alles, wehrt widersprüchliche Erfahrungen ab, blockiert weiteres Wachstum und ist im Grunde zu bedauern.

Auf diese Weise kann Schwäche zu unserer größten Stärke werden. Sie hilft uns, nicht von Stolz überschwemmt zu werden, sie bringt uns zu Bewusstsein, wie wenig wir allein – nur aus uns selbst heraus – erreichen können und wie sehr wir aufeinander angewiesen sind, wenn wir unsere Ziele erlangen wollen. Dieses Angewiesen-Sein aufeinander öffnet uns dafür, gegenüber denen, die uns helfen und uns begleiten, Dankbarkeit zu empfinden. Aber auch denen gegenüber, die unsere Schwächen sehen und uns auf unser Versagen hinweisen. Eine solche Dankbarkeit kann eine lang währende Bindung erhalten, sie kann aber auch mit jemandem, der nur eine flüchtige Bekanntschaft war, eine tiefere Beziehung herstellen.

»Du begegnest mir, aber du überwältigst mich nicht.« Wir haben eine Sehnsucht danach, dass man auf uns zugeht. Diese Sehnsucht ist noch größer als die, selbst auf andere zugehen zu wollen. Wenn jemand auf uns zugeht, dann bestätigt das unser Selbstwertgefühl und bringt das Schamgefühl, den Zorn und die Angst, die in unserer Seele leben, zum Schweigen. Zu erleben, dass jemand auf uns zukommt, sich für uns interessiert, uns anerkennt, uns akzeptiert, uns sogar bewundert und liebt, hilft uns dabei, es zu wagen, uns selbst zu akzeptieren und uns für unsere eigenen Inspirationen, für das Hereinfließen von Ideen mit mehr Vertrauen zu öffnen. Es ist eine heilsame Erfahrung, wenn diese Ideen neu und frisch aus der Quelle der Ideen hereinströmen, Urbilder und Impulse, die Energie und Begeisterung mit sich bringen. In einem solchen Zustand des Bestätigt-Werdens können wir für Veränderungen in unseren vertrauten Lebensmustern offen sein.

Dies beweist, dass wir starken Einfluss aufeinander ausüben können. Wir haben die Fähigkeit, uns gegenseitig unseren Wert zu bestätigen oder aber auch abzusprechen. Wir können durch unsere Anerkennung Energien und Talente anstoßen und freisetzen, oder diese durch unsere negative Meinung in sich zusammenfallen lassen. Von Natur aus sind manche Menschen durch die Haltung anderer stärker beeindruckbar als andere, und ein Mensch, der übersensibel ist, wird im Leben weniger leisten können. Aber auch die herausragenden und starken Menschen werden durch den Grad an Respekt und Wärme, der ihnen entgegenkommt, durchaus beeinflusst, und dies nicht nur notwendigerweise durch ihnen gleichgestellte Menschen oder solche, die über ihnen stehen, sondern durch jeden, für den sie in irgendeiner Weise offen sind.

Es ist fast so, als bedürften wir ständiger Bestätigung, welche einer anderen Stimme in uns entgegenwirkt. Denn in der Tat, die meisten Menschen haben in sich einen Kobold oder eine »böse Stiefmutter«, die darauf aus sind, ihr Selbstvertrauen zu untergraben. Diese innere Stimme, die zeitweise gehässig oder sarkastisch oder überheblich klingt, quält ihr Opfer mit Bemerkungen wie: »Sehr gut machst du deine Sache ja nicht, was?« Oder: »Warum im Himmel meinst du, dass irgendjemand dir zuhören oder dich ernst nehmen wird?«

Es kann auch noch schlimmer kommen, die innere Stimme kann uns unter Umständen sogar vollkommen lahmlegen. Dieser eingebaute Faktor, der dich zurückhält, ist in kritischen Phasen, wie etwa um das Alter von achtundzwanzig oder zur Zeit der Lebensmitte um fünfunddreißig bis zweiundvierzig, besonders stark bemerkbar. Es ist eine Herausforderung, die uns alle Energie rauben kann. Wenn wir aber die Wahrheit herausfiltern, die darin verborgen ist, ohne uns davon allzu sehr beeindrucken zu lassen, kann sie unsere Entwicklung auch anregen.

Wer wirkliche Einsicht in das Wesen des Menschen hat, kann einem Freund dabei behilflich sein, diesen Kobold in seine Schranken zu weisen und dazu zu bringen, dass er seinen Zugriff auf die Lebensader des Selbstvertrauens aufgibt. Als Nebenwirkung von Zuneigung und Liebe kann sich diese Unterstützung ganz von selbst einstellen. Aber da die Menschheit mehr und mehr den Weg der Individualisierung und somit der Isolierung geht, kommt es darauf an, den Abstand, die Distanz zwischen den Menschen durch bewusste Gefühle zu überbrücken. Dann werden wir um uns herum noch viele andere wahrnehmen, denen wir dieselbe Botschaft überbringen können: »Du hast einen Wert. Du hast Potenzial, und ich erkenne etwas von deinem *wahren Wesen* in dir. Ich fordere den Kobold heraus, der dein Selbstwertgefühl untergraben will.«

Nicht immer können wir es annehmen, dass man uns begegnen will. Wir mögen dies in bestimmten Situationen als Aufdringlichkeit empfinden, die unsere Freiheit lähmt und unseren Raum einengt. Das Respektieren von Grenzen ist äußerst wichtig. Wir können uns überrannt fühlen, weil wir uns als nicht angemessen empfinden, oder auch aus Verletzlichkeit. Oder positiver ausgedrückt: weil wir unsere Souveränität nicht aufgeben wollen.

Eine Begegnung muss immer auf gegenseitiges Einverständnis gegründet sein. Und wer die Führung übernimmt und den ersten Schritt auf den anderen zugeht, muss darauf gefasst und sich dessen bewusst sein, dass er sich der Begegnung auch tatsächlich stellen muss.

Abgesehen von diesen Überlegungen kann eine Begegnung die Quelle tiefer Bereicherung sein. Denn wir begegnen ja nicht nur dem, was wir im jeweils anderen sehen, wir begegnen uns auch in einem Austausch von Gefühlen. Es geschieht etwas auf der intuitiven Ebene, nahezu hellseherisch, wenn wir uns in die Augen sehen und seelische Schwingungen zusammenklingen. Wir vermitteln uns gegenseitig, dass wir derselben Menschheit angehören, dass wir die Erben einer weisheitsvollen Evolution sind und ein Potenzial für unbegrenzte Entwicklung haben. Das ist es, was in einer wahren Begegnung geschieht: Wir erleben das wahre Wesen des Anderen, das *Selbst* des Anderen. Dies kann als plötzliche Erkenntnis auftreten und uns kaum zu Bewusstsein kommen. Oder man kann es pflegen, sodass jede wahre Begegnung mit einem anderen Menschen zu einem heiligen Ereignis werden kann.

Wenn wir diese Art der Begegnung schaffen könnten, dann würden wir uns ebenso der geistigen Seite unseres Wesens bewusst, wie auch der der führenden Geister, der Schutzengel, die in solchen Momenten aktiv miteinander in Kontakt treten. Die Erinnerung an den anderen Menschen bleibt in uns eingegraben, und ein Samen wurde in unsere Seelen gelegt, der Samen der Freundschaft. Eine wahre Begegnung lässt Treue, Achtung und Verständnis entstehen, und all dies trägt zum Mysterium der Freundschaft bei.

6. Freundschaft

Was ist nun aber Freundschaft? Wie schafft man den Übergang von einer reinen Bekanntschaft zu einer Freundschaft? Was bedeutet es, mit jemandem eine Freundschaft einzugehen, und im Gegenzug: Freundschaft angeboten zu bekommen?

Ein Freund ist jemand, der sich nicht davor scheut, um deinetwillen zu leiden, für dich und manchmal auch wegen dir. Dein Freund wird dir in seiner Seele Raum gewähren und dich in diesem Raum tragen. Wenn dies auf Gegenseitigkeit beruht, dann entsteht Bindung, und damit gibt es eine Berührung der Gefühle, ein wechselseitiges Angerührt-Sein. Das kann wohltuend sein, da auf diese Weise das Alleinsein aufgelöst wird, oder es kann schmerzlich sein, wenn das Elend deines Freundes zu deiner eigenen Bürde wird, einfach dadurch, dass du für ihn offen bist. Auf diese Weise kann Freundschaft sowohl Freuden wie Leiden hervorrufen, gegenseitige Hilfe sein, aber auch eine Verstärkung der Last, die man ohnehin mit sich trägt.

Doch nimmt man diese Last freiwillig auf sich, denn Freundschaft ist niemals Sklaverei. Sobald das Miteinander unfrei wird, kann das Fühlen nicht mehr frei fließen. Sobald ein Gefühl der Verpflichtung in die Beziehung kommt – oft begleitet von Schuldgefühlen oder moralischem Druck –, ist die wahre Qualität von Freundschaft unterhöhlt und schwindet dahin. Wenn einer von beiden vom anderen verlangt: »Du wirst das sicher für mich tun, nach allem, was ich für dich getan habe«, dann ist die Freundschaft in Gefahr. Ein Freund möchte mit Sicherheit einem anderen helfen, der sich in einer Krise befindet, aber dies muss immer eine freie Entscheidung bleiben, ansonsten kann ein manipulierendes Element die Beziehung ergreifen.

Sich der Bedürfnisse des Anderen bewusst zu sein, gehört zu einer gesunden Beziehung dazu, und praktische Unterstützung, die bedingungslos angeboten und angenommen wird, kann die Verbindung nur stärken. Wenn Hilfe aber aus einem Gefühl der Verpflichtung heraus angeboten wird, bedeutet dies eine Gefahr für die Beziehung. Was die Freundschaft nährt, kommt aus dem Herzen und kann nur in Freiheit aufrechterhalten werden. Jeglicher Druck ist zerstörerisch.

Dadurch ist Freundschaft eine heikle Angelegenheit, denn nur allzu leicht kann sie in einen Zustand von Forderung und Verpflichtung hineingezogen werden. Dann verändert sich Verbindung unmerklich in Sklaverei, und das Zusammensein gestaltet sich beengend. Freunde müssen sich von Zeit zu Zeit gemeinsam die Frage stellen: »Wird deine Toleranz zu sehr beansprucht?« Es ist wichtig, den Zustand einer Freundschaft immer wieder zu beobachten.

Freundschaft darf nicht zur Routine werden, und das passiert, wenn das Fühlen nicht mehr frei fließen kann. Sie muss geschützt werden und bedarf der Pflege und Offenheit für alles Neue. Wenn sie lebendig und pulsierend bleiben soll, sind Behutsamkeit und Pflege notwendig. Manchmal wird sie krank, verwundet oder erschöpft und verlangt nach Heilung. Es ist in der Tat ein trauriger Fall, wenn sie sterbenskrank wird und es keine Hoffnung mehr gibt.

Eine Freundschaft kann geheilt werden, wenn das Element der Freiheit und der freie Fluss des Fühlens wiederhergestellt wird. Um eine Freundschaft, der auf diese Weise die Luft genommen wurde, vor dem Erstickungstod zu bewahren, ist Folgendes erforderlich:

- Das gegenseitige Verständnis muss erneuert werden. Wir müssen uns fragen: »Wo stehen wir jetzt? Was hat die Entfremdung zwischen uns bewirkt?«
- Schuldzuweisungen und aufgestauter Frust, die sich möglicherweise aufgrund von unwesentlichen Missverständnissen aufgebaut haben, sollten aufgelöst werden. Sind wir bereit, unsere Situation offen miteinander zu diskutieren?
- Der Kontakt sollte immer wieder überprüft und aufs Neue hergestellt werden. Haben wir einfach Kontakt verloren, weil wir anderweitig beschäftigt waren und dadurch zugelassen haben, dass ein Vakuum entstanden ist? Freundschaft ist durch ein Vakuum verwundbar.
- Kommunikation bedarf der Lebendigkeit. Jeder Zusammenbruch in einer Beziehung hat in seinem Kern ein Kommunikationsproblem als Ursache. Freundschaft kann ohne Kommunikation nicht existieren. Wenn die Kommunikation blockiert ist, ist der Fluss der Freundschaft gestört.

In der Alltagssprache sind wir mit unseren Kollegen »befreundet«. Ebenso mit einem neuen Nachbarn, mit jemandem, der uns vorgestellt wird. Aber wahre Freundschaft tritt unerwartet in unser Leben. Die Begegnung mag zufällig sein, jedoch ist da ein unmittelbares Gefühl des Vertraut-Seins, das sich mühelos zu Freundschaft entwickelt. Oder Bekannte, mit denen wir schon lange vertraut sind, werden in eine dramatische Situation hineingezogen, die ungewöhnliche Herausforderungen stellt. Und plötzlich ist da das Gefühl, man begegne sich auf einer neuen Ebene. Wenn eine solche Begegnung den Weg in eine Freundschaft eröffnet, könnte man leicht behaupten, es sei Glück oder Zufall gewesen, dass uns ein Ereignis zusammengeführt hat. Aber die neu entstandene Freundschaft trägt in sich die unausgesprochene Botschaft: »Dies musste so kommen. Wir haben uns gesucht, obwohl wir es nicht wussten.«

In unseren Augen ist es ein Wiedererkennen, als ob wir sagen wollten: »Vielleicht ist das unsere erste Begegnung in diesem Leben, aber wir sind früher schon einmal zusammen auf der Erde gewesen.« Und gleichzeitig bekommen wir vielleicht einen kurzen Ausblick auf die Zukunft: »Es wird einmal eintreten, dass Entfernung voneinander oder der Tod uns aufs Neue trennen werden, und doch werden wir verbunden bleiben und uns zur rechten Zeit wieder begegnen.«

Solche Erkenntnisse stärken eine wahre Freundschaft, doch Freundschaft muss schwere Prüfungen durchlaufen, um zu beweisen, dass sie bestehen kann. Vielleicht gibt es Monate oder Jahre, in denen durch die Umstände alle Möglichkeiten der Begegnung verhindert werden. Und selbst wenn es halbwegs möglich ist, sich regelmäßig zu treffen, sind Hindernisse unvermeidbar: Ablenkungen unterbrechen ausführliche Gespräche, Notsituationen verhindern die Gelegenheit für geplante Begegnungen.

Wahre Freundschaft überlebt solch kleinliche Gefahren, überwindet auch räumliche Distanzen, die häufige Begegnungen auf gelegentliche Briefe reduziert. Sie muss beweisen, dass sie dies ertragen kann, ohne in ein Vakuum zu fallen. Es gibt ein unausgesprochenes gemeinsames Verständnis darüber, dass es zur Freundschaft dazugehört, solchen Prüfungen ausgesetzt zu sein, und dass sie letzten Endes dadurch nur wachsen kann. Es liegt Wahrheit in der Erfahrung, dass einem der Freund, der weit weg ist, umso mehr ans Herz wächst.

Wenn eine Freundschaft geschlossen, als solche erkannt und vertieft wurde, kann sie sogar mit sehr wenig Nahrung und bei weit auseinander liegenden Anlässen gedeihen. Ein Treffen verlinkt sich mit dem nächsten, selbst wenn zwischendurch Jahre vergangen sind. Und wenn Begegnungen selten stattfinden und dadurch etwas Besonderes sind, macht dies den Grad des Austausches umso intensiver. Was dazwischen passiert ist, wird unwichtig; was zählt, ist allein die Erfahrung: »Jetzt sind wir hier zu dieser Zeit wieder zusammen.«

Freunde, die auf diese Weise in Kontakt zueinander stehen, können ihre gegenwärtigen Lebenssituationen miteinander teilen. In solchen Fällen kann es zu einer anderen Art von Test kommen. Es mag Zeiten geben, in denen ein Freund den anderen damit konfrontieren muss, dass es eine Aufgabe in seinem Leben gibt, die er ganz offensichtlich anpacken müsste, die er aber vernachlässigt. Dies kann seinen Stolz verletzen, denn das plötzlich eintretende Bewusstsein des eigenen Versagens ist schmerzhaft. Ein solcher Schmerz ist wie ein grelles, durchdringendes Licht, das die trübe Dunkelheit der Seele, die nur halb-bewusst ist, bloßlegt. Es kann aber auch Heilung dadurch eintreten, und vielleicht ist dies der einzige Weg, um aufzudecken, was schädlich ist. Die Tatsache allein, dass etwas begraben, verdeckt, scheinbar vergessen ist, schafft eine Kraft, die untergräbt. Es existiert als ungeklärte Angelegenheit weiter und behindert das Seelenleben. Niemand braucht diese Unordnung in seiner Seele. Aber wer sonst soll es uns zum Bewusstsein bringen? Es kann nur jemand sein, der uns gut kennt und dem wir wichtig sind. Obwohl dieser Freund unter Umständen ein Risiko eingeht, denn er kann nicht ausschließen, dass wir versucht sein mögen, dem Überbringer der schlechten Botschaft die Schuld zu geben.

Leider haben wir alle die Neigung, den Boten, der die schlechte Nachricht überbringt, zu beschuldigen. Wir schlagen zurück und werden wütend: »Wie kannst du es wagen, mir das zu sagen! In meinem tiefsten Inneren weiß ich das ja selbst schon, aber ich wollte es weder vor mir selbst zugeben noch dich da hineinziehen. Sind wir deswegen Freunde geworden, damit du in meiner Seele herumwühlen kannst? Oh, ich weiß, da stimmt so einiges nicht, aber es ist *mein* verworrenes Leben, und Eindringlinge kann ich nicht gebrauchen. Du störst!«

Wie anders sieht es aus, wenn der betreffende Mensch tief durchatmen, sich fassen und erwidern kann, dass er seinem Freund für seine Anteilnahme und für die Mühe, die Sache ans Tageslicht zu befördern, dankbar ist. Wenn er damit die Wahrheit zulassen kann, kann sein Freund ihm mit Trost in Form von Empathie und Mitleid beistehen, und dies wiederum wird ihm die Stärke geben, der neuerwachten Realisierung ins Gesicht zu sehen und Pläne zu machen, das Negative in etwas Positives zu verwandeln. Und außerdem wird er die Hilfe anerkennen können, die ihm entgegengekommen ist. »Jetzt weiß ich, dass du ein wahrer Freund bist. Du hast mich konfrontiert, weil es nötig war, und damit hilfst du mir, meine Schwäche zu heilen und gestärkt daraus hervorzugehen.«

Wenn die Wahrheit nicht akzeptiert werden kann, ist es möglich, dass die Freundschaft plötzlich zusammenbricht: »Ich will dich nie wieder sehen!« Wird die Wahrheit dagegen akzeptiert, dann kann die Freundschaft in aller Stille aufblühen.

7. Das Wunder der Seele

Miteinander in Beziehung zu treten, ist nicht nur ein künstlerischer Akt, es ist eine Disziplin. Es bedarf der Schaffung eines angemessenen Raumes zwischen dir und dem anderen, einem Raum, den beide aus freien Stücken betreten, gerne aufsuchen und teilen können. Aber es verlangt auch danach, sich so zu verhalten, dass man dem anderen seine Freiheit gewährt, oder besser noch, sein Gefühl der Freiheit verstärkt. Du kannst andere nicht dazu zwingen, mit dir in Beziehung zu treten. Du kannst ihnen nur den Raum anbieten, ihnen das Angebot machen, diesen zu nutzen, und darauf hoffen, dass sich Verständnis füreinander und Wärme zwischen euch entwickeln werden.

Nur ein Eremit kann in Abgeschlossenheit leben, und doch braucht jeder Mensch seinen eigenen Raum: eine sichere Basis, wo er der Herr des Hauses ist. Dieser Raum kann klein sein, mit kaum erkennbaren Begrenzungen, aber man muss deutlich merken, dass dieser Raum allein ihm gehört. Wie oft dringen wir in den Raum eines anderen ein. Wir meinen es gut, wir suchen Kontakt und wir wollen helfen. Und doch sind wir Eindringlinge. Wir vergessen anzuklopfen und abzuwarten, bis »Herein!« gerufen wird. Wir ignorieren die Tatsache, dass der Raum nicht uns oder der Welt gehört, sondern allein dieser betreffenden Person. Wenn wir diesen so behandeln, als wäre er Allgemeingut oder sogar Teil unseres Raumes, dann laufen wir Gefahr, uns selbst das Privileg einzuräumen, jederzeit eintreten zu dürfen.

Wir sprechen hier natürlich nicht von einem rein physischen Raum – einem Zimmer, einem Haus, einem Eigentum. Privatbesitz dieser Art ist nur ein Symbol für den inneren Seelenraum jedes einzelnen Menschen. Wir meinen damit den privaten Bereich, der zu mir gehört, den Teil von mir, der das Wort »Ich« aussprechen kann. Es ist der Teil von mir, der mir Integrität, Kongruenz, Authentizität verleiht. Ich muss Gedanken aufnehmen, sie begreifen und sie zu meinen eigenen machen. Eine Inspiration oder ein Gedanke, der von jemand anderem geäußert oder in einem Buch gelesen wurde, muss zuerst aufgenommen, erkannt, ergriffen und begriffen werden. Dies ist ein Vorgang, welcher der Verdauung ähnlich ist. Erst danach kann er in mein Wesen aufgenommen werden: Ich kann einen eigenen Gedanken aus mir heraus, aus meinem eigenen Seeleninneren hervorbringen, der aus dem Inhalt, den ich aufgenommen habe, geformt und gebildet wird. Ich forme einen neuen, eigenen Gedanken, nach dem Bild und Vorbild dessen, was auf mich zugekommen ist. Dann kann ich sagen, dass es meine eigene Idee gewesen ist. Dies ist das Gegenteil von Gehirnwäsche. Denken ist also ein Prozess, in dem wir unseren eigenen Gedankeninhalt erschaffen, aus all dem heraus, was wir durch unsere Sinne erfasst haben, was in unseren Gefühlen lebendig wird, oder uns als Inspiration zukommt. Dieser Prozess, in dem wir denken und unseren eigenen Standpunkt gewinnen oder unser eigenes System von Ideen bilden, ist sehr befriedigend. Aber es beinhaltet auch, dass wir unseren Respekt für die unterschiedlichen Standpunkte der Menschen um uns herum verstärken.

Dadurch wird ein innerer Raum geschaffen, der nur uns selbst gehört. Der Raum unserer persönlichen Gedanken kann wie ein Labor sein, wie eine Bücherei oder ein friedlicher Garten. Oder wie all das zusammen: ein Raum, in dem Forschung und Ordnung des Wissens stattfindet, in dem man in einer lebendigen, wachsenden, geistigen Landschaft arbeiten kann.

Dies bedeutet, dass immer, wenn wir von einer Person möchten, dass sie etwas tut, wir sie ansprechen und die Anfrage oder Forderung so präsentieren sollten, dass sie diese empfangen, verstehen und uns ihre Antwort darauf mitteilen kann. Das endgültige Ergebnis wäre dann eine gemeinsame Entscheidung. Anstatt sich mit unserer Anordnung einverstanden zu erklären, handelt sie dann in Freiheit und kann aus ihrem reichen Schatz an Energie und Hilfsbereitschaft schöpfen, den sie in seiner Seele trägt.

Was uns zum Menschen macht, ist unsere Fähigkeit des Fühlens. Mein eigener Innenraum ist der Ort, an dem ich mein Selbst finde. Ein Ort, an dem ich eine Erfahrung von meinem Selbstwert und meiner Rolle im Leben haben kann. Ein Ort, der die »Werkstatt« meiner Seele enthält: meine unfertige Arbeit, meine persönlichen Ideale, aber auch mein Fühlen als solches.

Das Fühlen ist ein Strom von aktiver Seelensubstanz. Es ist etwas anderes als das Denken und das Wollen. Wir müssen *das Fühlen* von *den Gefühlen* unterscheiden. Unsere Gefühle gehören unserem emotionalen Leben an, sie sind persönlicher Natur, und sie steigen in unserer Seele als Reaktionen auf das auf, was uns bewegt. Das Fühlen dagegen ist der Strom einer geistigen Kraft, der unsere Seele erfüllt, wenn wir in Frieden mit uns und der Welt um uns herum sind.

Das Fühlen löst alle Aggression auf. Wir behandeln die Menschen, mit denen wir uns verbinden, mit Sensibilität. Wir können ihren Eigenraum respektieren und sie in den unsrigen einladen. Dies ist Rücksichtnahme, und damit ist man einen Schritt näher an der Überwindung der Selbstbezogenheit.

Der Mensch, der aus seinem Fühlen heraus handelt, ist kein

autokratischer Herrscher, er kann kein »Chef« sein. Aber wie Jesus in der Bergpredigt, so spricht auch er mit Autorität, was im klassischen Griechisch als *exousia* bezeichnet wird. Dabei handelt es sich um eine milde Macht, wohlmeinend, großzügig, respektvoll, würdig. Im Englischen verwendet man den Begriff *gentle*, milde, und ein *Gentleman* ist der, der dies erfasst.

Wer zu fühlen imstande ist, ist keineswegs schwach. Auch fehlt ihm nichts in Bezug auf Konzentration. Wenn ein Mensch sich auf eine Aufgabe konzentriert und zulässt, dass Fühlen seine Gedanken und Impulse durchdringt, dann kommt ein besonderes künstlerisches Element in seine Tätigkeit. Selbst wenn eine Aufgabe herausfordernd ist, kommt es nie zu hektischem oder nervenaufreibendem Aktivismus. Es spricht die Begeisterungsfähigkeit all derjenigen an, die an einem Prozess beteiligt sind, und lässt zu, dass sie ihre eigene zielgerichtete Energie entwickeln können.

Fühlen erzeugt Ehrfurcht. Und Ehrfurcht öffnet die Tür für Interesse und Einsicht. Es verleiht dem, der mit Ehrfurcht behandelt wird, die Fähigkeit, Selbstvertrauen zu entwickeln und sein inneres Geheimnis zu enthüllen. Es lässt das innere Licht einer Blume oder eines Kunstwerks aufleuchten, sodass auch deren Geheimnis offenbar wird.

Und das ist der entscheidende Punkt. Wenn das Fühlen fließt, entsteht Selbstvertrauen. Sich gegenseitig Selbstvertrauen zu geben, ist das wesentliche Element sozialer Beziehungen, und es hat mit dieser Kraft des Fühlens zu tun. Ich kann nicht verursachen, dass du meine Gedanken denkst, und ich sollte mich davor hüten, dir meinen Willen aufzudrängen, denn beides würde dich mir unterordnen, dich zu einer Marionette machen. Aber ich kann die Macht des Fühlens in mir aufrufen und auf diese Weise zu dir in Beziehung treten. Wenn ich dann meine Einstellungen, Absichten und mein Bedürfnis nach Zustimmung zurückhalte, wenn ich dich respektiere und dir mitteile, was mich beschäftigt, dann wird sich die Macht des Fühlens auf dich übertragen, und deine Seelenreaktion wird positiv sein. Das Übermitteln des Fühlens ist eine Kunst, eine Herzensfähigkeit, die man behutsam und ausdauernd pflegen muss. Unsere Offenheit gegenüber dem Fühlen erfordert, dass wir unsere Herzenskräfte kultivieren.

Das physische Herz ist weit davon entfernt, eine Art Pumpe zu sein. Vielmehr ist es ein Wahrnehmungsorgan. Es spürt das Hereinziehen des Sauerstoffs von außen und den Zustand des Blutes innen. Es registriert den Rhythmus, der beide verbindet. Tief verborgen im physischen Herzen ist unser Seelenherz, und dies ist ebenfalls sehr sensibel. Es verbindet unsere inneren Seelenerfahrungen mit dem, was wir von außen hereinholen. Dieses Herz – wir können es unser poetisches Herz nennen – ist das sensible Organ für all unsere Beziehungen.

Und es ist wirklich so: Zueinander in Beziehung zu stehen, bedeutet dauernde Anpassung der Seelenkräfte, damit die Harmonie aufrechterhalten bleibt. Poetisch bedeutet kreativ. Unser Seelenherz hat die Aufgabe, die Vorgänge zu überwachen, die bewirken, dass wir in Beziehung mit anderen sein können. Das physische Herz arbeitet unablässig, aber es ist davon abhängig, dass die Kranzgefäße ihm Energie und Nahrung zukommen lassen. Das Herz, das unserem Seelenleben angehört, ist ebenfalls von ständiger Regeneration abhängig. Es hat eine gewaltige Aufgabe, und die Herausforderung wird nie unterbrochen, doch ohne die Versorgung mit Nahrung wird es schwach, betrübt, überladen, gelähmt oder sogar krank. Es mag im Stillen leiden, aber es ist in großer Not.

Woher kann Hilfe kommen? Durch die Art von Aktivität, die das Fühlen in die Seele bringt. Diese himmlische Substanz ist die einzige, die fein genug ist, um in das Seelenherz zu gelangen.

Es ist eine geistige Substanz, die den Namen *Liebe* trägt, auf Griechisch *agape,* welche die höchste Form der Liebe verkörpert: geistig, selbstlos, frei von persönlichen Interessen oder Befriedigung, aber auch frei von allem, was man befehlen kann. Beispielhaft dafür ist die Frage, die Parzival dem leidenden Amfortas stellt: »Was fehlt dir?« Sie ist voller Sorge um den anderen, bereit zu Opfern, in jeder Hinsicht großzügig.

Dies bedeutet, dass uns diese Liebe – ebenso wie das Fühlen – geschenkt wird. Sie ist nichts, das wir selber willentlich hervorbringen können. Die Liebe, die uns überkommt, erfüllt und unser ganzes Leben durchstrahlt und gewissermaßen Wärme und Freude verbreitet, ist ein Geschenk des Himmels. Mit ihrer Hilfe können wir unsere Selbstbezogenheit überwinden. Wenn man bedenkt, dass dies vielleicht das edelste Streben ist, das die Menschheit haben kann, dann ist Liebe in der Tat das größte Geschenk, das die göttliche Welt der irdischen Welt machen kann.

Es ist aber der Mensch, der die Bedingungen schafft, in denen Liebe wirken kann. Eine Bedingung ist der freie Wille, mit dem der Mensch versehen ist.

Liebe kann nicht erzwungen oder befohlen werden. Viele Übersetzungen von Johannes 13,34 des Johannes-Evangeliums sind unglücklich gewählt. Zum Beispiel: »Ein neues Gebot gebe ich euch, dass ihr einander liebet; wie ich euch geliebt habe.« Das Wort *entol* bedeutet: ein Ziel erreichen, etwas vollständig machen; *telos* hat die Bedeutung: Erfüllung, Abschluss. Das heißt also, Jesus hat der Vervollständigung ein Ziel gesetzt: »Ich will euch ein neues Ziel setzen, das Erfüllung und Vollständigkeit bringen wird. Liebet einander.« Er verwendet das Wort *agape.* Dies ist ein Geschenk, das vom Fluss des Fühlens getragen wird. Das Fühlen ist nicht immer von *agape* durchdrungen. Wäre dies der Fall, dann hätten wir eine bessere Welt. Aber das Innerste unseres Herzens trägt in sich eine schlummernde Fähigkeit für selbstlose Liebe. Diese muss durch das Streben nach Offenheit in der menschlichen Seele ins Leben gerufen werden. Es ist allein diese Offenheit, die sie dazu bereit machen kann, Träger der Liebe zu werden. Es handelt sich dabei um ein Opfer, eine Anrufung der höheren Welten, die dieses Geschenk gewähren kann. Und damit dieses Geschenk von der geistigen Welt ausgegossen werden kann, bedarf es eines Empfängers, eines Gefäßes, das es aufnehmen und weitervermitteln kann. Jedes menschliche Wesen kann zum Empfänger für die göttliche Liebe werden, aber der Empfänger muss rein und durchlässig sein. Dies kann nur durch Leiden oder Entsagung erreicht werden. Deshalb verlangt die höchste Form der Liebe Opfer, die »Hingabe« des eigenen Lebens für seine Freunde.

Die Offenheit gegenüber *agape* und das Empfangen der Freude und des Leidens, welche diese mit sich bringt, erheben einen Menschen aus dem Zustand des Selbstgenusses und der Selbstbezogenheit auf eine Existenzebene, die edel, großzügig und innerlich entschlossen ist, dem Guten zu dienen. Dies ist die Gnade der *agape*.

Liebe kann auch ein frohes Geben und Nehmen auf der Ebene unserer alltäglichen Menschlichkeit bedeuten: die Freude, die mit Freundschaft einhergeht, Engagement in befriedigender Tätigkeit, welches Miteinander, Gemeinsamkeit und gegenseitige Unterstützung hervorbringt. In der Tat, die Form der Liebe, die im Griechischen *philia* genannt wird, ist ihrem Wesen nach Freundschaft. Wärme erfüllt das Herz, Treue und Interesse werden genährt, dem Auf und Ab des täglichen Lebens kann mit lebensvoller Offenheit begegnet werden.

Das Wort *eros* führt zur Erotik, aber Eros beschränkt sich nicht auf das Bedürfnis, das von unserer Sexualität ausgeht und sexuelle Erfüllung sucht. Es hat vielmehr mit leidenschaftlichem Entzücken und ekstatischer Bewunderung zu tun. Der Begriff enthält in sich das Element der Begeisterung und das Streben nach Besitz. Die Verfassung, in die *eros* uns versetzt, hat mehr damit zu tun, geliebt zu werden, als damit, zu lieben. Eros ist der Ausdruck von Emotion, in der Wärme und Kraft enthalten sind. Und diese Emotion ist nicht selbstlos. Das Opfer, das sie hervorruft, ist genauso wenig gewollt wie der Tod in der Kerzenflamme, in die die Motte fliegt. Die Macht des Fühlens, wie wir sie hier dargestellt haben, hat sehr viel zu tun mit *agape*, ein wenig mit *philia* und so gut wie gar nichts mit *eros*.

Wenn wir uns selber erziehen wollen, wird es darum gehen, unsere Offenheit gegenüber dem Fluss des Fühlens zu verfeinern, damit diese durch uns hindurch zu unseren Gefährten und zu allen Dingen, die unsere Fürsorge und Zuneigung verdienen, gelangen kann. Im gleichen Maße, wie dieses Fühlen die Trägerin von *agape* werden kann, bringt ein Mensch Wärme, Harmonie und seelische Stärkung zu den Menschen, die um ihn herum sind. Dann werden Heilung und Segen von ihm ausgehen.

8. Hilfen und Hindernisse

Wenn man Gemeinsamkeit und Verbundenheit mit jemandem entwickeln möchte, dann hilft es zweifellos sehr, sich regelmäßig zu sehen, damit bei diesen Gelegenheiten eine wahre Begegnung stattfinden kann. Kontakt und Kommunikation erfüllt die Räume, die ansonsten leicht zu einem Vakuum werden können, und ein solches zieht bekanntlich dunklere, weniger positive Emotionen an. Ohne diesen Kontakt verblasst das Bild, das wir vom anderen haben, oder es wird auf unheimliche Weise verzerrt. Unser Vertrauen ineinander kann durch Zweifel untergraben werden, und es kann zu Vorwürfen kommen: »Warum schreibt er nur nicht?« – »Ich glaube, sie hat mich vergessen oder sich von mir abgewendet!« Eine Beziehung muss als ein lebendiges Wesen gesehen werden, das wächst oder vergeht. Es ist nicht statisch, festgelegt oder dauerhaft. Wie jedes lebendige Wesen hat sie ihre Biografie. Sie verändert sich, wenn sie älter wird, und der Zustand ihrer Gesundheit wird schwanken, je nachdem, welche Umstände sie beeinflussen. Es stimmt eben nicht immer, dass durch Abwesenheit mehr Nähe spürbar wird. Eine lange Trennung tritt ein, und die ehemaligen Freunde verlieren sich wirklich. Der Freund, den ich einmal hatte, wird für mich irrelevant.

Dies kann eintreten, wenn nicht eine tiefere Verbindung hergestellt worden ist, ein geistiges Band, das nicht davon abhängig ist, dass man sich als Menschen in irdischen Körpern begegnet. Dennoch, die Gesetze biografischen Wachstums arbeiten dem Erhalten einer Gemeinschaft entgegen, denn für jeweils zwei Menschen gibt es mindestens drei verschiedene Komponenten: die Veränderungen für jeden Einzelnen und seine Entwicklung, sowie die Entwicklung, die Veränderung oder der Niedergang ihrer Freundschaft, die ein Wesen für sich ist. Es stimmt schon, wie wir bereits gesehen haben: Wenn zwei Freunde sich nach langer Trennung wiedersehen, kann es so scheinen, als ob sie sich erst gestern getrennt hätten, aber normalerweise ist dies nicht der Fall. Niemand bleibt im dramatischen Fortgang der Zeit derselbe. Das Phänomen des Alterns, die Nachwirkung der alltäglichen Ereignisse, die Ausdehnung und Einengung der Selbstwahrnehmung – all dies hinterlässt Spuren, die Veränderungen in der Seelengestalt mit sich bringen. Wenn Freunde die Veränderungen nicht lebendig und bewusst mitverfolgen, dann kann der frühere Eindruck, den man von dem anderen hatte, einschränkend wirken: »Du siehst mich so, wie ich früher war, nicht so, wie ich jetzt bin!«

Darüber hinaus gibt es andere, recht offensichtliche Hindernisse, durch welche eine Beziehung untergraben oder zerstört werden kann. Ein Altersunterschied, der bisher unwesentlich schien, könnte sich letzten Endes doch als Hürde erweisen: Ein Mann in der Midlife-Krise oder eine Frau in den Wechseljahren kann einem früheren Freund auf einmal fremd erscheinen. Oder die Weltanschauung eines Freundes verändert sich. Zwei Freunde, die sich in der Vergangenheit nur wenig für Religion interessierten, machen unterschiedliche Konvertierungen durch: Der eine wird ein wiedergeborener Christ, der andere wird ein Anhänger von New-Age-Ideen. Der Zweite würde für den Ersten vollkommen unerträglich werden. Ebenso können sich widersprechende politische Ansichten einen Bruch herbeiführen, wenn heikle Fragen plötzlich an Bedeutung gewinnen. Ein weiteres Hindernis für das Zusammensein kann es sein, wenn einer der beiden ständigem Stress bei der Arbeit ausgesetzt ist, finanziell in Bedrängnis gerät, oder einen Bruch in seiner Ehe erleidet. Eine solchermaßen veränderte Situation hat vielleicht gar nichts mit dem Freund zu tun, aber sie hat Auswirkungen, und die Kommunikation bricht zusammen. Noch entscheidender kann es sich auswirken, wenn einer der Freunde heiratet und der andere sich zurücknehmen muss, um der neuen Beziehung den notwendigen Freiraum zu lassen.

Mit solchen Ereignissen muss man rechnen. Sie gehören zum Alltag dazu. Eine Beziehung aufrechtzuerhalten, kann oft von störenden Faktoren beeinträchtigt sein. Was vor allem erforderlich ist, wenn eine Freundschaft gedeihen soll, ist die Bereitschaft, füreinander da zu sein. Wenn einer der Freunde sich entzieht, wird das Zusammensein schwierig und die Freundschaft kann einschlafen. Manchmal ist das angebracht, denn Menschen müssen weiterziehen dürfen, um sich entwickeln zu können, sie dürfen sich nicht gegenseitig im Wege stehen. Eine Beziehung lässt sich nicht festlegen, sie ist ständig im Fluss und nimmt ab und zu wie der Mond.

Und noch einen weiteren Aspekt gibt es zu bedenken. Wir haben das Phänomen des Karma bereits angesprochen. Wenn wir akzeptieren, dass Karma unser Leben beeinflusst, beginnen wir zu erkennen, dass jedes Zusammentreffen persönlicher Art einen Grund hat und nicht zufällig geschieht. Der Grund dafür kann eine karmische Schuld sein, die eine Begegnung notwendig macht, sodass etwas Unvollendetes oder Fehlerhaftes aus einem früheren Leben, das Trauer oder Verletzung zur Folge hatte, in diesem Leben zurechtgerückt werden kann. Deshalb begegnen wir uns also, und durch die Energie des Karma werden wir zueinander hingezogen. Dadurch ist die Gelegenheit gegeben, zielgerichtet miteinander umzugehen. Die Schuld wird beglichen, oder die Wunde kann geheilt werden.

Ist dies abgeschlossen und die Vergangenheit bereinigt, kann es sein, dass die Energie, die das Treffen herbeigeführt hat, nachlässt. Plötzlich – oder auch in langsamen Schritten – verliert diese zunächst so stark empfundene Energie ihre Wirkung. Wenn wir im Laufe unserer Beziehung kein selbstloses Interesse füreinander entwickeln, sondern uns unbewusst auf die karmische Energie verlassen haben, dann kann es sein, dass unsere Freundschaft auf unsicheren Boden gerät: »Wir scheinen nicht mehr so viel miteinander zu tun zu haben!« Ein solches Abstand-Nehmen voneinander kann das Austrocknen der Beziehung herbeiführen – und dies ohne erkennbaren Grund. Deshalb ist es hilfreich, zu wissen, wie Karma wirkt. Unsere anfängliche gegenseitige Anziehung und das Nachlassen derselben müssen von einem gegenseitigen Anerkennen aus Freiheit heraus begleitet sein. Dieses Anerkennen versetzt uns in die Lage, die Beziehung zu schützen und zu pflegen. Im Augenblick, wo wir erkennen, dass keine alte Schuld mehr zwischen uns steht, können wir jubeln, denn wir wissen, dass unsere Freundschaft nun von der Verpflichtung durch Karma befreit ist. Von nun an kann sie von einer Liebe getragen sein, die frei von jeglicher Belastung ist.

Ist diese Stufe erreicht, kann etwas anderes allmählich offenbar werden. Die Freundschaft ist jetzt nicht mehr auf die Persönlichkeiten der Freunde gegründet, sondern beruht auf etwas anderem, das tiefer liegt und mehr von Dauer ist. Sobald man in einer Freundschaft Zugang zum geistigen Kern des anderen gefunden hat, nimmt sie wesenhaften Charakter an und ist dadurch nicht mehr durch die Umstände des alltäglichen Lebens und vorübergehender Erscheinungen gefährdet. Sie wandelt sich zu einem dauernden, tiefen Interesse aneinander, das die Herausforderungen durch Hindernisse und Widerstände übersteht. Und sie gedeiht in der warmen Sonne einer Verbindung, die uns mit tiefer Zufriedenheit erfüllt.

Wir können uns nun dieser höheren Art der Freundschaft zuwenden.

9. Seelenverwandtschaft

Wie kommt es, dass die meisten von uns nicht zulassen, dass irgendjemand uns bis in unser Innerstes kennt, nicht einmal Freunde oder Ehepartner? Es scheint einen inneren Kern zu geben, der nicht betreten werden darf, ein innerstes Heiligtum. Vielleicht schützen wir diesen Ort, weil niemand wirklich weiß, was in diesem Allerheiligsten verborgen ist. Und vielleicht geschieht dies entweder in dem Glauben, dass es von jedem, der eintreten könnte, entweiht würde, oder in der Befürchtung, er könnte tatsächlich leer sein. Dieses Letztere ist eine Sorge, die wir nicht aussprechen, aber sie existiert, und sie durchzittert das Wesen vieler Menschen.

Obwohl wir diesen zentralen Kern verbarrikadieren, haben doch viele die tiefe, heimliche Sehnsucht, dass jemand kommen könnte, in Friede und Freundschaft, um in diesen heiligen Raum einzutreten und ihn sozusagen mit seinem Eigentümer zu teilen. Es ist der Ort der allergrößten Einsamkeit. Es ist das innerste Selbst. Matthew Arnold beschreibt in seinem Gedicht »The Buried Life« voller Trauer, wie selten ein Mensch wirklich er selbst sein – und sich damit treu sein kann.

Only – but this is rare –
When a beloved hand is laid in ours,
When, jaded with the rush and glare
Of the interminable hours,
Our eyes can in another's eyes read clear
When our world-deafen'd ear
Is by the tones of a loved voice caress'd,
A bolt is shot back somewhere in our breast
And a lost pulse of feeling stirs again;
The eye sinks inward, and the heart lies plain,
And what we mean, we say, and what we would,
we know.
A man becomes aware of his life's flow
And hears its winding murmur, and he sees
The meadow where it glides, the sun, the breeze …

In einem solchen Moment …
An unwonted calm pervades his breast.[4]

Solche Momente wahrer innerer Stille sind selten. Aber wenn
sie eintreten, dann werden wir uns des Fühlens bewusst, das
von einem Menschen zum anderen fließt. Es gibt keine vergleich-
bare menschliche Erfahrung, die so nah an heilige Augenblicke
der Kommunion heranreicht. Heilige und Mystiker können die
Kommunion mit dem Göttlichen erleben. Doch für uns alle
könnte eine tiefe Verbindung von Mensch zu Mensch, ein Begegnen und ein Begegnet-Werden, viel öfter stattfinden, als es der
Fall ist.

Muss es wirklich innerhalb einer Freundschaft so selten eintreten, dass man ganz bewusst erlebt, was es bedeutet, sich so nah

4 Siehe die deutsche Übersetzung auf S. 223.

zu sein? Aus tiefstem Respekt und aus Selbstlosigkeit voreinander können sich Freunde ihren Wert als Mensch gegenseitig bestätigen. Die sexuelle Vereinigung ist ein Bild für diese Nähe der menschlichen Wesenskerne zueinander, aber sie ist kein Ersatz. Das ist die Lüge, an der die meisten modernen Menschen leiden.

Nein, die wahre Begegnung von Ich zu Ich, in Sicherheit, in unerschütterlicher Treue, in tiefem Verständnis und vollkommener Unterstützung des anderen, unter Einbeziehung seines ewigen Wesens, in absoluter Zuverlässigkeit – die sollte doch für Menschen in unserer Zeit möglich sein. Für freie, sich selbst verwirklichende, abgerundete, in sich stimmige Individuen, die sich dennoch ihrer Schatten und Schwächen bewusst sind. Sie sollten sich in ihrem geistigen Wesen zu den Höhen von innerem Adel und Liebe aufschwingen dürfen – und dabei die tiefe Wahrheit im anderen berühren, ungestört durch sexuellen und emotionalen Selbstgenuss. Und dann von diesen Höhen wieder herabsteigen, vereint durch einen Bund, der nicht zu brechen ist, denn sie haben gewagt, dem Guten im anderen zu begegnen, der reinen Schönheit.

Aber, wie Matthew Arnold sagt, dies ist selten. Denn eine so erhabene Begegnung wird geprüft und bedroht, und viele Dämonen werden sich erheben. Und sie werden versuchen, den Mut zu untergraben oder den Zustand der Seelen zu kompromittieren. Sie werden sie entweder mit süßlicher Verzückung oder dem tierischen Verlangen nach Macht vergiften. Oder sie versuchen, das Erlebnis in tausend Stücke zu zersplittern – und damit die Freunde verstört, entwürdigt und in ihrer Integrität gebrochen zurücklassen.

In diesem Sinne braucht die Begegnung mit der Seele des anderen eine innere Vorbereitung. Jedes Voranschreiten auf geistiger Ebene verlangt nach einer ebenso großen, wenn nicht größeren Entwicklung im Bereich der moralischen Klarheit. Sie bedarf der Selbsterkenntnis, einer sich stetig entwickelnden Vertrautheit mit dem höheren Selbst, unserem ewigen Wesen; so wie mit dem niedrigen Selbst, dem gefallenen Teil unseres Wesens. Unser höheres Selbst hat die Aufgabe, das niedere Selbst zu erlösen und dabei die Energie, die unserer Selbstbezogenheit innewohnt, in die Kraft der selbstlosen Liebe zu verwandeln.

***

Wir sind aufeinander angewiesen, wenn unsere Welt von Liebe erfüllt sein soll. Dies setzt Selbstlosigkeit voraus – und diese Selbstlosigkeit ist die Voraussetzung dafür, den Zustand des »gefallenen« Menschen dahingehend zu verwandeln, dass er das Geistige tragen kann.

Wenn Menschen von Dämonen beeinflusst, oder schlimmer noch, von ihnen besessen werden, können sie gewalttätig oder bösartig werden. Diese Dämonen ernähren sich von unseren Schwächen und berauben uns der Energie, mit der wir Gutes in der Welt bewirken wollen. Denn Dämonen sind gequälte Wesen, rätselhaft und erbärmlich, die eigentlich von ihren Qualen erlöst werden wollen. Sie brauchen unser Mitleid und unsere Liebe, und sie verschlingen die Heilkraft, die wir ihnen liefern. Wenn Dämonen von ihren Fesseln befreit werden, können sie dem Menschen eine Hilfe sein oder sich einfach auflösen. Ihr negatives Wirken ist in unserer modernen Kultur vorherrschend, und stark individualisierte Menschen sind besonders anfällig dafür, von ihnen besetzt zu werden. Daraus folgt, dass jedes Bemühen unsererseits, die Selbstbezogenheit zu überwinden und uns gegenseitig mit wahrem Interesse aneinander und mit Hingabe zu lieben, dabei helfen kann, die Dämonen zu erlösen, und dies macht die Atmosphäre rein von solcher Art von Verschmutzung. Davon profitieren wir alle, besonders unsere Kinder.

Dazu kommt noch dies: Während es für die Menschen einfach ist, ihre Hunde und Katzen zu lieben, ihre Besitztümer und alles, was sie in der Natur genießen, fällt es ihnen doch schwer, sich gegenseitig zu lieben. Die Höhen der Intimität und Innerlichkeit, die zuvor beschrieben wurden, können nie erreicht werden, solange man sich seine Schwächen nicht eingesteht. Eine Beziehung ist gefährdet und steht auf unsicheren Füßen, solange man sich nicht gegenseitig seine Schwächen eingestanden hat. Niemand hat das Recht, von einem anderen zu verlangen, dass er seine Schwächen bloßlegt. Wenn aber zwei Menschen sich miteinander anfreunden wollen, werden sie die Schwächen des anderen nach und nach kennenlernen, und es wird ein Moment eintreten, in dem sie offen über diese werden sprechen können. In diesem Augenblick wird entweder Freundschaft entstehen oder abgeblockt werden, möglicherweise für immer. Aus dem einfachen Grunde, weil unsere Menschlichkeit herausgefordert wird, wenn ein anderer Mensch seine Schwäche offen zugibt. Demonstrieren wir unsere offensichtliche Überlegenheit mit verletzender Kritik, Sarkasmus oder vernichtenden Kommentaren? Oder versuchen wir zu verstehen, die Verletzlichkeit unseres Gefährten zu spüren, und ihn aufgrund seiner Ehrlichkeit und Aufrichtigkeit noch mehr zu schätzen?

Eine weitere Prüfung hinsichtlich der Frage, ob wir für Freundschaft reif sind, entsteht, wenn unser Gefährte in irgendeiner Weise besser dasteht als wir. Dies kann sich als Erfolg zeigen, indem der andere den Preis gewinnt, den wir selbst gerne gehabt hätten, oder weil der andere eine Idee oder einen Plan präsentiert, der besser ankommt als unser eigener. Oder weil er die Bewunderung oder gar Liebe erfährt, nach der wir uns selbst so verzweifelt gesehnt haben.

Können wir uns in ehrlicher Weise über den Erfolg eines Menschen freuen, der uns nahesteht und doch möglicherweise ein Rivale ist? Oder bedienen wir uns subtiler Methoden, um von dem Ruhm abzulenken, über den er sich freut? Oder inszenieren wir einen abrupten Szenenwechsel, um das Freudenfest abzuwürgen? Oder tragen wir zu den Lobeshymnen bei und sind doch im Stillen beleidigt wegen des ungerechten Schicksals? Ist es möglich, echte Freude aneinander zu haben, wenn wir so verletzlich sind, so unsicher in uns selbst, so leicht in Depression versinkend, weil wir uns unerkannt und ungeliebt fühlen?

Können wir unsere tiefsitzenden Konflikte und Selbstzweifel, unsere Wunden und unsere Schamgefühle überwinden, über uns hinauswachsen und uns mit denen verbinden, die unsere Gefährten sein könnten?

Genuss hat mit *Freude* zu tun und ist als solcher nicht leicht zu definieren oder zu ergründen. Auch dies ist ein Teil des Fühlens und nicht durch eine Definition festzumachen. Aber was Freude ist, wissen wir, selbst wenn wir es nicht mit Worten beschreiben können: Sie findet ihren Ausdruck in dem Laut »Ah!«, der aus dem Herzen kommt.

Manchmal müssen wir uns wirklich ernsthaft fragen: »Freuen wir uns aneinander?« Oder genauer gesagt: »Freue *ich mich* an dir?« Es kann durchaus sein, dass ich lange darüber nachdenken und all die Faktoren analysieren muss, die unsere Beziehung betreffen. Es wird Blockaden in mir geben, die auf meine Unsicherheit, meinen Schatten und die dunklere Seite meines Wesens zurückzuführen sind – in erster Linie aufgrund meines Gefühls, nicht gut genug zu sein, wenn ich mich mit dir vergleiche. Es kann aber auch eine Angst in mir geben, dass du mich verletzen könntest. Können wir uns als Erwachsene begegnen, oder wirst du mich so zu behandeln versuchen wie Eltern ein Kind? Wirst du mich bloßstellen?

Es mag auch sein, dass ich dich unscheinbar, irgendwie nervend oder sogar langweilig finde. Es beunruhigt mich, dass es mein allgemeines Ansehen, meinen Ruf beschädigen könnte, mit dir in Zusammenhang gebracht zu werden.

Diese Art von Überlegungen zeigen, dass wir uns noch nicht wirklich begegnet sind. Es hat bisher zu wenig offene Gefühlsbezeugungen zwischen uns gegeben, deshalb ist mein Herz noch nicht wirklich offen für dich. Bis das geschieht, werden wir nicht einmal die äußeren Grenzen überwinden. Wenn wir aber die Gelegenheit suchen, uns in Offenheit und gegenseitiger Achtung zu begegnen, oder dies zumindest versuchen, dann wird etwas zwischen uns stattfinden. Wir werden vielleicht erkennen, dass die Grundlage existiert, eine wahrhafte Beziehung aufzubauen. Dann wird ein subtiles Zusammenspiel mit sowohl positiven wie negativen Aspekten ins Leben gerufen werden, und die Beziehung wird ihre eigene Gestalt annehmen.

Wenn wir aber einmal damit begonnen haben, dann muss ich meinen Teil der Verantwortung übernehmen, sie pflegen und dafür sorgen, dass es ihr gut geht. Es würde an Sünde grenzen, eine Beziehung anzufangen, um sie dann zu vernachlässigen, selbst wenn der andere vielleicht genau das tut. Wenn ich dem treu bleiben will, dem ich zum Leben verholfen habe, dann muss ich die Verantwortung annehmen, denn ich hätte ja vermeiden können, mich hineinziehen zu lassen. Ist sie erst einmal gezeugt worden, hat die Beziehung ein Recht auf ihre Existenz, auf die Erfüllung ihres Potenzials. Wenn ich mich in eine Beziehung hineinbegebe, muss ich davon ausgehen, dass diese ein eigenes Leben hat. Sie beginnt ihre Biografie.

Dies hat eine spirituelle Dimension: Die Entscheidung, eine Beziehung zu beginnen, lädt eine geistige Wesenheit dazu ein, dem Bündnis beizutreten. Und wenn diese Wesenheit keine Nahrung und keine Unterstützung bekommt, hat dies Folgen. Das Bündnis muss mit Respekt behandelt werden. Eine Beziehung, die fehlschlägt, vergiftet die Atmosphäre, und auch andere sind davon betroffen. Wenn also die Beziehung aus irgendeinem Grund nicht weitergehen kann, dann ist es wichtig, diese Tatsache anzuerkennen und sie durch ein Ritual irgendeiner Art aufzulösen, durch ein verbales Übereinkommen, einen Brief, ein Gespräch oder ein Gebet.

Wenn wir diese Art von Disziplin und Bewusstsein in das Entstehen, das Zelebrieren und das Beenden von Beziehungen hineintragen würden, wäre ein wichtiger Schritt in der Evolution wahrer Individualität vollzogen. Darüber hinaus wäre es ein Schritt zu einem bewussten und behutsamen wechselseitigen Verbundensein. In vergangenen Zeiten waren Beziehungen durch führende Kräfte geistiger Natur geschützt. Als dann die Evolution des irdischen Bewusstseins fortschritt, geschah dies zuerst durch Herrscher, die über unser Privatleben Autorität ausübten, im Weiteren durch die Kraft sozialer Normen. Der Mensch hat sich nach und nach dieser bestimmenden Faktoren entledigt und steht nun frei da, in der Lage, Beziehungen einzugehen, wie und wo es ihm am angemessensten erscheint.

Da diese Freiheit zur Entwicklung unseres individuellen Bewusstseins dazugehört, fordert es von uns, für die Art, wie wir uns in Beziehungen verhalten, verantwortlich zu werden. Denn diese Freiheit bedeutet auch, dass wir die Macht haben, uns gegenseitig aufzubauen oder zu zerstören. Man kann nur hoffen, dass aus diesem Zeitalter der individuellen Freiheit ein Zeitalter der Brüderlichkeit hervorgehen wird.

Die Stufe der *philadelphia*, der »geschwisterlichen Liebe«, muss angestrebt werden, damit unsere Erde in einen Kosmos der Liebe umgestaltet werden kann. Und jede Beziehung, mit der man achtsam umgeht, ist für diesen neuen Zustand der Menschheit ein Samen. Daher kommt es, dass wir Werkzeuge geistiger Natur im Aufbau unseres Miteinanders verwenden müssen: Achtsamkeit, Rücksicht und Aufmerksamkeit, die aus der Gabe des Fühlens und der selbstlosen Liebe herauswachsen, sowie die Bereitschaft, unser Bestes zu geben.

Auf diesem Weg werden wir zunehmend menschliche Größe entwickeln. Und dies wird Gott und dem Menschen zugutekommen.

10. Einen Bund schließen

Jetzt können wir die verschiedenen Faktoren zusammenführen, die am Gelingen einer Beziehung beteiligt sind. Wir haben sechs Aspekte von Seelenaktivitäten angesehen, die bis zu einem gewissen Grade geführt oder gelenkt werden können. Diese sechs unterschiedlichen Seelenzustände treffen mit denselben veränderlichen Zuständen in der anderen Person zusammen. Daraus entsteht eine kreative, aber auch heikle Dynamik in Beziehungen. Ob die Beziehung erfolgreich ist oder nicht, hängt davon ab, wie sehr ich mir dieser sechs Aspekte in mir selbst und in dem anderen Menschen bewusst bin und wie weit ich ihn so akzeptieren kann, wie er ist. Und es geht um mein Vermögen, diese Aspekte in meiner eigenen Seele zu lenken. Ich muss mich unablässig den Variablen im anderen anpassen, welche dieser nur zum Teil lenken und beherrschen kann. Diese sechs Aspekte sind die folgenden:

- Wie ist mein Verhältnis zu mir selber? Wie weit kenne ich mich selbst, als individueller Mensch? Und inwieweit bin ich mit mir im Einklang? Mit meinen Stimmungen, meinen Tendenzen zum Rückzug.

- Wie offen bin ich? In welchem Maße bin ich in der Lage und bereit, eine Beziehung mit anderen einzugehen? Wie weit reicht mein Vertrauen in meine Fähigkeit, auf andere zuzugehen?

- Der Faktor der Sexualität, der in gewisser Weise alle Beziehungen betrifft.

- Der Fluss des Fühlens und der Liebe: Dies lebt als geistige Energie und begünstigt das Miteinander sowie das Schaffen von Verbindungen.

- Bis zu welchem Grad erleichtern oder behindern die äußeren Umstände die Pflege meiner Beziehungen?

- Die geistige Dimension: Inwieweit sind hohe Ideale und Auffassungen gemeinsam und werden gemeinsam bearbeitet, und wie umfassend ist seelische Nähe möglich?

Die moderne Welt nach westlichem Vorbild bewirkt geradezu, dass Beziehungen zerbrechen. Die Schnelllebigkeit, die Tatsache, dass die Menschen dank der erstaunlichen technischen Fortschritte von Informationen übersättigt sind. Die Zeit wird von den »Grauen Männern«[5] verschluckt. Die Notwendigkeit, sich intellektuell und willensmäßig konzentrieren zu müssen, um allen Anforderungen gerecht zu werden, vertreibt das Element des Fühlens. Das Ergebnis ist, dass es ermüdend und erschöpfend sein kann, mit anderen in Kontakt zu sein, denn es gibt keine Liebe, kein Interesse für den anderen und keine Zeit, den anderen mit Wärme wahrzunehmen.

Wir könnten versuchen, zeitlich einen Schritt rückwärts zu gehen und eine gesunde, lebensfrohe Menschengemeinschaft zu

---

5 Bezieht sich auf das Buch *Momo* von Michael Ende, Thienemann 2016.

begründen, die es den Einzelnen ermöglicht, sinnvoll und harmonisch miteinander zu leben und zu arbeiten. Was wäre notwendig, um uns in Richtung eines Zusammenlebens mit anderen zu entwickeln? Hier ist eine Liste als Beispiel.

Was braucht man für den Aufbau von Beziehungen?

1. Innere Freiheit.
2. Bereitschaft, jedes Problem anzusprechen, sobald es auftritt.
3. Ehrlichkeit und Kongruenz.
4. Den Mut, dem, was wir wissen oder nicht wissen, ins Auge zu schauen, sowohl äußere wie innere Ereignisse betreffend.
5. Das Vertrauen in den Prozess, selbst wenn dieser manchmal unangenehm ist.
6. Das Bewusstsein davon, dass Männer und Frauen eine unterschiedliche Seelenfiguration haben. (Wir werden das in den Kapiteln 15 und 16 näher beleuchten.)
7. Eine Beziehung profitiert von allen sechs Aspekten, die in diesem Kapitel behandelt wurden. Wenn auch nur einer von ihnen vernachlässigt oder ignoriert wird, entsteht in der Beziehung Stress.
8. Es lohnt sich, den Verlauf einer Beziehung genau anzusehen. Alles, was sich ereignet, kann zum Lernprozess beitragen – vor allem die Probleme. Wenn man diese gemeinsam untersucht, können schwierige Zeiten als wertvoller Teil des Prozesses verstanden werden. Verletzungen werden dadurch geheilt und neue Energie wird freigesetzt.
9. Veränderungen akzeptieren. Beziehungen sind nie statisch, die Zeit vergeht und bringt immer wieder neue Erfahrungen mit sich. Wenn dies als Teil des Prozesses akzeptiert wird, aus dem Zusammensein erwächst, dann bleibt die Beziehung lebendig.

Beziehungen sind nie ganz problemlos, und es gibt Phasen, die weniger angenehm sind, was oft auf problematisches Verhalten zurückzuführen ist. Manchmal auch auf pathologische Zustände, die therapeutisch behandelt werden müssen. Einen großen Teil unseres Verhaltens können wir jedoch selbst bestimmen: Wir müssen nicht gegenüber anderen unsensibel sein oder egoistische Forderungen stellen, ohne etwas zurückzugeben. Hier ist eine Liste denkbarer Verhaltensweisen. Würde deine eigene Liste ähnlich aussehen?

Negative Verhaltensweisen, die Beziehungen beeinflussen:

* pedantisch, kleinlich, starr, dickköpfig, kritisch, albern, sarkastisch, spöttisch, zynisch, empfindlich, nachtragend, rücksichtslos, erdrückend, arrogant.

Schwerwiegende negative Charakterzüge:

* depressiv, brutal, unaufrichtig, unehrlich, verlogen, unwahrhaftig, verletzend, destruktiv, jähzornig, süchtig (in einem Spektrum von Alkohol bis Religion), unerträglich stolz, unsicher, hasserfüllt.

Nun kannst du dir selbst die Frage stellen: Wie verhält es sich in Bezug auf die Menschen, mit denen ich zu tun habe? Müssen sie mit irgendeiner dieser Tendenzen in mir fertig werden? Und kann ich den Mut aufbringen, mir klarzumachen, dass diese Probleme überwunden werden können, wenn ich mich darum bemühe, wenn ich also anerkenne, dass sie existieren, und ich mich entscheide, daran zu arbeiten?

11. Freundschaft will erarbeitet sein

Eine Beziehung aufzubauen, muss ständig geübt werden. Ein liebenswürdiger Umgang miteinander ist wie ein Instrument, das gestimmt werden muss, und wer es spielt, muss sich grundlegende Fähigkeiten aneignen, um zur Meisterschaft zu gelangen. Das Zeitalter des Individualismus bereitet uns nicht gerade darauf vor, soziale Wesen zu sein. Im Gegenteil: Es kann sowohl zynisches Misstrauen gegenüber anderen wie auch eine Herabwürdigung unserer eigenen Person verursachen.

Wer sein Schicksal positiv und dankbar annimmt, ist für seine Umgebung eine Wohltat. Das allein ist schon eine soziale Leistung. Als Mensch persönlich zufrieden zu sein und Freude am Leben zu haben, macht die Strapazen des Zusammenlebens mit anderen erträglicher.

Jeder Mensch trifft seine eigene Auswahl an Lebenszielen, dies ist Teil unserer persönlichen Lebensphilosophie. Hier sind einige Vorschläge dazu, die natürlich nur als Anregungen verstanden werden sollen, eigene Leitfäden zu finden.

Physisch aktiv sein.
Wer gesund ist, kann den Blick von sich selbst lösen, sich anderen äußerlich und innerlich zuwenden und praktische Hilfe leisten. Verglichen mit jemandem, der sich auf seine eigenen Leiden

und Seelenbedürfnisse konzentriert, ist dies offensichtlich ein Vorteil. Physische Aktivität hilft, unerfreuliche Erlebnisse und Sorgen zu verdauen und aufzulösen, und sie kann depressive Stimmungen in praktische Entschlüsse verwandeln. Täglich eine halbe Stunde in der Natur spazieren zu gehen, ist ein gutes Rezept, um sich seine Fröhlichkeit zu erhalten.

Einen Sinn für Ordnung entwickeln.
Welche Vorteile ergeben sich daraus, wenn man ein ordentlicher Mensch ist? Wer ordentlich ist, führt eine Aufgabe vollständig zu Ende und räumt anschließend auf. Disziplin im äußeren Sinne unterstützt eine innere Disziplin, indem man nichts Unfertiges in seiner Seele herumliegen lässt. Es ernährt den ästhetischen Sinn, wenn man frei von Unordnung, von »allem möglichen Zeug« leben und arbeiten kann, das nicht bewusst durchdrungen ist. Aber es geht um noch mehr. Respekt beginnt mit kleinen Dingen, z. B. mit der Zahnpasta-Tube im Badezimmer. Wer mit Kindern arbeitet, besonders mit behinderten Kindern, weiß, wie wichtig diese »Ehrfurcht vor kleinen Dingen« ist. Kinder entwickeln daraus grundlegendes Vertrauen. Und auch sonst im Leben: Ein Geschenk liebevoll einpacken, ein totes Blatt von einer Topfpflanze entfernen, einen Tisch liebevoll für eine Mahlzeit decken, eine Arbeitsanweisung gewissenhaft aufschreiben, das Auto waschen – all das erfordert Ehrfurcht vor dem Detail.

Respekt voreinander haben.
Dies ist eine soziale Tugend. Sie ist eigentlich selbstverständlich, aber sie muss umgesetzt werden. »Ehrfurcht vor kleinen Dingen« in allen Bereichen des Lebens verwandelt Worte in Taten, denn wie wir mit kleinen Dingen umgehen, hat einen Einfluss auf unseren Umgang miteinander. Wie wir unserem Partner ei-

nen Guten Morgen wünschen, wie wir die Kinder empfangen, wenn sie aus der Schule nach Hause kommen, all das zählt. Dieser Respekt für Dinge und Ereignisse kann sich auf alle Bereiche des Lebens erstrecken.

Einen Sinn für das Wichtige entwickeln.
Dies sollte uns in allen Bereichen unseres Lebens interessieren. Hier gibt es viele Themen, die man ansprechen und erwägen muss. Zum Beispiel: Ist Religion wichtig? Warum besucht man einen Gottesdienst? Für sich selbst, oder zur Heilung der Menschheit? Können wir lernen, im weitesten Sinne über diese Themen nachzudenken, und gleichzeitig vollkommen respektieren, was andere für sich selbst als wichtig erachten? Wie ist unsere Einstellung zu Pflichten, die wir uns selber auferlegen? Fühlt es sich so an, als müssten wir unsere Freiheit aufgeben, oder macht es uns im eigentlichen Sinne frei?

Kreativ denken.
Entwickelst du deine rechte Gehirnhälfte im gleichen Maße wie deine linke? Verleihst du deiner Kreativität Ausdruck? Oder wird sie von Computern, Verkehr und anderen Stressfaktoren erstickt? Siehst du dich als kreativen Menschen, der für Inspiration und neue Ideen offen, aber auch bereit ist, die schwere Arbeit zu leisten, die es braucht, um deine Visionen auf den Boden zu bringen? Oder denkst du genau und auf Abruf wie eine Rechenmaschine, aber nie wirklich innovativ? Es gibt grundlegende Aufgaben, welche die linke Gehirnhälfte erfüllt, aber für das Leben, das Glück und den menschlichen Kontakt muss die rechte Gehirnhälfte aktiviert werden. Kreativität erfordert Hingabe. Unsere Hingabe bindet uns an die Aufgabe, die wir vor uns haben, und sie generiert die Energie, die wir brauchen, um unseren Erfolg voranzutreiben. Wir machen uns zu einem Empfangen-

den, durch den etwas Originelles und Wahres in die irdische Welt kommen kann.[6]

Handeln mit Blick auf die Zukunft.
Was möchtest du in den nächsten fünf bis zehn Jahren erreichen? Kannst du dein Hauptlebensziel und die Etappen beschreiben, die du auf dem Wege dahin zurücklegen möchtest? Was wirst du hinterlassen, wenn du stirbst: eine bessere Gesellschaft, eine glückliche Familie, etwas von dir Geschaffenes, das von anderen weiterhin gebraucht werden wird, eine Organisation, die ohne dich weiterbestehen und gut laufen wird? Wenn du über solche Dinge nachdenkst, wird dein Leben klarer werden, und deine eigene Klarheit wird dich für andere zu einem interessanteren Menschen machen. Sie werden sich zu dir hingezogen fühlen, weil du etwas zu geben hast.

Ein ständiges Bewusstsein dafür, dass unsere Gedanken und Gefühle auf unsere Umgebung eine Wirkung haben.
Sie hinterlassen einen Eindruck. Sie können einen anderen Menschen ermutigen oder lähmen, indem sie seine Impulse unterstützen oder bremsen. Ein Gedanke ist wie ein Puls, der im Äther vibriert. Er kann ein Segen sein. Er kann aber auch seine Umgebung verschmutzen.

---

6 Hier wird auf verschiedene Forschungsergebnisse Bezug genommen, die darauf hindeuten, dass die beiden Gehirnhälften unterschiedlich funktionieren. Die linke Gehirnhälfte, welche für die rechte Körperhälfte zuständig ist, ist logisch und verarbeitet Fakten, Assoziationen und Konsequenzen. Die rechte Gehirnhälfte, welche für die linke Körperhälfte zuständig ist, ist kreativ und intuitiv: Sie geht mit Ganzheit und Geschlossenheit um. Die linke analysiert, die rechte synthetisiert. Zu einer detaillierten Abhandlung der Unterschiede zwischen rechter und linker Gehirnhälfte, siehe z. B. Stephen Covey, *Die 7 Wege zur Effektivität*. Gabal, Offenbach 2009.

Die Sicherheit haben, dass wir alle zählen.
Als wichtige Mitglieder der menschlichen Gemeinschaft haben wir alle eine Bedeutung. Wir sind mit einer Mission auf die Erde gekommen, mit einer wichtigen Aufgabe, die wir zu erfüllen haben. Die Mischung aus Fähigkeiten und Behinderungen, die uns mitgegeben wurde, ist Teil des Gesamtplans. Was wir mit dem machen, das uns verliehen wurde, bestimmen wir selbst. Das göttliche Element in uns gibt uns unseren Wert, und deshalb haben wir die große Verantwortung, ein angemessener Träger dieses edlen Anteils in uns zu sein. Denn wir sind edel, und wir können diesen edlen Teil verbiegen oder unsichtbar machen, oder er kann so sehr mit Rost überzogen sein, dass niemand ihn sieht. Weil wir Menschen sind, besitzen wir diesen würdigen Kern unseres Wesens, den niemand bestreiten sollte, auch wir selber nicht. So wie wir jeden anderen in einem positiven Licht sehen sollten, so sollten wir uns auch selbst sehen.

Uns die Kunst der Stille in unserer Seele aneignen.
Wenn wir einmal die kosmische Bedeutung unseres Wesens begriffen haben, können wir diesen »Gott in uns« durch stille Kontemplation einer Idee, eines Naturobjektes, eines Kunstwerkes nähren. Das Kultivieren dieser inneren Stille schafft Frieden in unserer Seele. Am Anfang mag gar keine Stille herrschen, wenn wir uns selber und allem, was in unser Bewusstsein steigt, zuhören: all dem, was aufsteigt aus unseren Erinnerungen, unseren Ängsten, unseren Sehnsüchten, unseren Impulsen, unseren Vorstellungen von vergangenen oder zukünftigen Situationen und unseren Gefühlen. All dies bewirkt das Gegenteil von Stille. Aber alles, was ungebeten heraufsteigt, um unser Bewusstsein zu trüben – und zwar dann, wenn wir uns gerade einen Raum und Frieden schaffen wollten, um darin etwas ganz anderes zu bewegen –, kann durch die Aktivität unserer eigenen Gedanken durchdrun-

gen werden. Akzeptieren wir die Emotionen und Tagträume, die Sorgen und inneren Konflikte, und bitten wir sie, sich durch die klare Analyse unseres Denkens vollständig zu offenbaren, dann können wir sie in Entwürfe für unser Handeln umgestalten oder aber sie wie Fantasiegebilde auflösen. Eine Möglichkeit ist es, ein Tagebuch zu führen. Wir können darin die Zurufe aus unserem unterbewussten oder auch aus unserem bewussten Seelenleben beschreiben. Schreiben erfordert Gedanken, Handeln und Hingabe, und dadurch werden unsere Seelenkräfte gebündelt. Innere Stille schafft ein Gleichgewicht zu unserer nach außen gerichteten Aktivität. Es ermöglicht uns, unsere Erfahrungen zur Ruhe zu bringen, sie an uns vorbeiziehen zu lassen, sie zu verdauen und mit der Quelle unserer Inspiration in Kontakt zu treten. Dieser Seelenzustand entwickelt sich zur Kraft des Zuhörens, die eine weitere wichtige Eigenschaft eines sozialen Menschen ist. Er führt auch zu einer weiteren Eigenschaft, die zu einem Menschen im Gleichgewicht gehört:

Die Dankbarkeit.
Wenn wir unseren Dank ausdrücken, wenden wir uns anderen zu. Damit wird der Prozess von Geben und Nehmen vervollständigt. Es fügt unseren Gedanken Wärme hinzu, nimmt sie aus unserem Kopf und lässt sie aus dem Herzen strahlen: Das »E« im Wort denken wird zum »A« im Wort danken. Mit Dankbarkeit erkennen wir auch die weniger offensichtlichen Gesten an, in denen uns Freundlichkeit und Opfer ständig entgegenkommen, sowohl in Krisenmomenten wie auch im alltäglichen Leben. Ein Mensch, der dankbar ist, lebt bewusst, und jede Tat, die Dankbarkeit ausdrückt, ist von Freude durchdrungen. Es kostet wenig und hat doch großen Wert. Dank sagen ist der Ausdruck von Liebe. Rudolf Steiner hat gesagt:

»Etwas, das ich nicht liebe, kann sich mir nicht offenbaren. Und eine jede Offenbarung muss mich mit Dank erfüllen, denn ich werde durch sie reicher.«[7]

Alle Ereignisse im Leben als Gelegenheit zum Lernen verstehen.
Wir können uns fragen, was der Sinn unseres Lebens auf der Erde ist, und eine mögliche Antwort darauf könnte sein: das »Lernen und Geben« zu entwickeln. Die Kunst, vom Leben zu lernen, besteht darin, aus der Menge der täglichen Ereignisse die Botschaften herauszufiltern, die sie für uns enthalten. Selbst die rhythmischen, kosmischen Ereignisse haben uns etwas zu sagen, wie zum Beispiel der tägliche Sonnenaufgang. Und so kann man den Gedanken weiterführen. Die Sonne wird nie müde, und wir können uns sagen: Das Sonnenzentrum in uns, unser Herz, wird auch nie müde. Wenn wir aus dem Herzen heraus arbeiten, reicht unsere Kraft aus, und immer neue kommt uns zu, selbst während wir Energie verbrauchen. Und das können wir jeden Tag neu lernen.

Diese zehn Vorsätze bilden ein mögliches Programm der Selbstdisziplin. Sicher können einem noch viel mehr Vorsätze einfallen. Die Fähigkeiten, die man braucht. um in eine Beziehung zu treten, können nicht ohne Selbsterziehung entwickelt werden. Und es ist umso besser, wenn man seine eigenen Vorsätze fasst, als die von anderen zu übernehmen. Die hier beschriebenen Vorschläge sollen nur als Anregung dienen. Deine eigene Liste würde deinen Bedürfnissen und deiner persönlichen Situation entsprechen. Und die Punkte auf deiner Liste werden sich mit deiner Entwicklung verändern.

---

7 Rudolf Steiner, *Wie erlangt man Erkenntnisse der höheren Welten?* Kapitel 4. Rudolf Steiner Verlag, Dornach 1993.

12. Fühlen

Womit wir wieder beim Fühlen sind. Das Motiv des Fühlens kommt auf diesen Seiten häufig vor. Ist es verständlich, wie wir das Fühlen charakterisieren? Können wir einsehen, dass es dieses ist, was den Menschen zum Menschen macht? Vielleicht ist es gewagt, das zu fragen, denn das Denken und das Wollen haben in der Seele einen entscheidenden Platz. Aber könnte es sein, dass ihre höchste Aufgabe darin besteht, das Fühlen zu stärken und wachsen zu lassen?

Das Element des Fühlens wird zunehmend als der Träger der Liebe erkannt werden. Das wahrhaftige, warme Zueinander-in-Beziehung-Treten wird immer natürlicher werden, das Göttliche wird sich mit dem Irdischen verbinden, und damit wird es das, was im Sterben begriffen war, mit neuem Leben durchdringen und einen neuen Kosmos hervorbringen. Der Abgrund zwischen Himmel und Erde wird aufhören zu existieren, und die schöpferischen Worte des Christus werden die Menschheit in einen neuen Zustand versetzen.

Leben, Freude und Zielgerichtet-Sein gehören in unsere neue Zeit. Diese werden als eine feine Substanz in unsere Welt kommen, die uns schon zur Erfahrung werden kann, wenn wir das Erlebnis eines reinen Fühlens haben. Es wird sich anders anfühlen, als die meisten von uns es bisher gewohnt waren, nämlich als getragen von Emotionen und körperlichen Empfindungen. Aber auch jetzt schon haben wir Momente, in denen wir dieses reine Fühlen erleben: wenn wir einen Sonnenuntergang beobachten, eine edle Tat miterleben, oder wenn wir ein Kunstwerk wahrnehmen, das zu uns spricht.

Bis jetzt war es so, dass der Wille des Menschen von ihm selbst abhängig war. Das wird sich einmal ändern. Er wird seine Kraft von einem Ausfluss der göttlichen Liebe beziehen, und diese wird durch das Wirken des Christus im Fluss des Fühlens zu ihm gelangen. Dass dies geschieht, wird an einer ahnungsvollen Ehrfurcht, am Mitleiden und an einer Andacht in der Seele bemerkbar werden, die aus ihrer Abhängigkeit von Instinkten und Trieben herausgehoben wird und sich zu einer Art von höherer Veredelung öffnen kann. Wenn wir unser wahres Bild erkennen, bringt uns das in Harmonie mit uns selbst, und dies wiederum macht es leichter, mit anderen in Beziehung zu treten.

Darin liegt Hoffnung. Und die brauchen wir, denn nur wenn wir die leuchtende Vision einer Zukunft für die Menschheit haben, werden wir angesichts der enormen Probleme, welche die Menschheit zu tragen hat, nicht vor Verzweiflung zusammenbrechen. Denn wie kann ich frohen Herzens sein, wenn so viele andere verhungern und unter schrecklicher Armut und Unterdrückung leiden? Oder durch den Stress unseres modernen Lebens ihre seelische Gesundheit einbüßen, oder mit Hilfe von Gewalt und Mord versuchen, ihre Ziele zu erreichen? Muss ich im Angesicht dieser Probleme mein eigenes Glück aufgeben? Eine schwere Frage. Einiges an Information über dieses Elend kann ich aufnehmen, aber wie kann ich helfen, die Welle der Zerstörung aufzuhalten?

Es gibt einen Weg. Ich kann dazu beitragen, die unsichtbaren Kräfte zu stärken, die benötigt werden, damit das Böse durch das

Gute überwunden werden kann. Ich kann mich selbst in einen Empfänger verwandeln, durch den die spirituelle Energie zu den Lebensbereichen und Ebenen unserer Existenz, die durchdrungen werden müssen, Zugang finden kann. Jeder von uns ist ein Teil genau der Welt, die wir verändern müssen, und wir können alle ein Empfänger für diesen höheren Einfluss werden. Dieser höhere Einfluss ist die Christuskraft, wenn er »in den Wolken mit großer Kraft und Herrlichkeit« (Mk. 13,26) erscheint. Womit die Lebenskräfte gemeint sind, die als Gestaltungskräfte in der Natur und im Menschen wirken.

Die Wiederkunft wird als individuelle Erfahrung dieser schöpferischen Kraft erlebt werden, die von göttlicher Liebe erfüllt ist und dem Menschen zu seiner neuen Daseinsform verhelfen wird. Jede Tat, die aus Liebe geschieht, jedes Bemühen, einander zu verstehen und – im Sinne der Zusammenarbeit unserer beiden Hände – in Harmonie zusammen zu arbeiten, wird helfen, eine Umgebung zu schaffen, die das Geisteslicht aufnehmen und unsere Welt mit seiner Energie erfüllen kann.

All dies könnte genauso gut misslingen, denn die Gegenkräfte sind am Werk. Anstelle des gesundenden Geisteslichtes könnte eine versengende Energie über uns kommen, welche die Erde zerstört. Noch ist diese Energie im Untersinnlichen gefangen, aber sie könnte sich in einem einzigen, uns blind machenden Blitz entladen. Die Gegenkräfte arbeiten am Stolz des Menschen und an seinem Drang nach Macht. Er selbst kann diese Energien freisetzen, und bedauerlicherweise spielt er mit der Versuchung. Wir wissen ja, wie nahe wir einer solchen Katastrophe in unserer Zeit schon gekommen sind.

Die Kräfte, die diese Gefahr aus dem Wege räumen könnten, werden in den menschlichen Seelen vorbereitet, die danach streben, Träger und Vermittler der göttlichen Liebe zu sein. Und diese Liebe kann sich in der Art, wie wir miteinander umgehen, offenbaren und ein Zusammenleben herbeiführen, das von Reife, Bewusstsein und einer positiven Lebenshaltung getragen ist.

Die Hindernisse, die einem gesunden Zusammenleben im Wege stehen, sind eine Widerspiegelung unserer problembeladenen Gegenwart. Wenn es uns gelingt, trotz dieser Hindernisse ein gesundes Zusammenleben zu schaffen, können wir zu Wegbereitern einer zukünftigen Harmonie werden.

13. Nicht für mich allein

Kann man die Liebe definieren? Oder sie beschreiben? Sie ist sowohl weiblich wie männlich, und die Verschmelzung von Mann und Frau bezeichnet man als »Liebesakt«. Die Triebe befeuern die Liebe, Emotionen spielen mit ihr, Gedanken versuchen sie zu lenken, Verpflichtungen geben ihr Form, Konventionen befreien sie oder legen sie vollständig fest. Ganze Zivilisationen sind darüber hinweggegangen, Gesellschaftsstrukturen haben sich entwickelt, Verhaltensmuster haben sich verändert. Und die Liebe? Im Wesentlichen ist sie immer gleich geblieben, über alle Veränderungen erhaben. Durch alle Zeiten ein Mysterium, doch ihre Macht ist unbestritten.

Macht. Dieses Wort kann der Ausdruck davon sein, dass die Freiheit geraubt wird. Oder es weist auf das Potenzial hin, welches besondere Taten ermöglicht, eine veredelte Form der Macht, die positiv und wohlwollend ist. Die Liebe ist eine Macht, die durch unsere Seelen wirkt. Sie kommt vom Himmel und erinnert uns an unseren geistigen Ursprung. Sie ermöglicht, dass wir unsere Mission auf der Erde erfüllen. Wenn wir aus Liebe handeln, selbst wenn uns dies schwerfällt, wissen wir tief in unserem Herzen, dass wir etwas Gutes tun. Es liegt Befriedigung darin, und die Energie, die benötigt wird, regeneriert sich von selbst. Es fühlt sich so an, als wirke eine andere Kraft durch uns hindurch, die nicht aus unserer eigenen Seele entspringt. Wir sind die Empfänger, Werkzeuge einer höheren Macht. In unserem Fühlen fließt es und bezieht Denken und Wollen mit ein. Es ist der Grund, warum wir über uns hinauswachsen, uns unseren Mitmenschen zuwenden können. Oder auch, warum wir uns um die Natur kümmern, oder um die Dinge, die für unsere Arbeit oder unsere Erholung und letzten Endes für die Erhaltung unseres Lebens notwendig sind.

Wenn wir die Welt um uns herum lieben, dann beginnen wir, ihre Geheimnisse zu erfahren, all das, was wirklich in ihr steckt. Wir können der Natur gegenüber, den Pflanzen und Tieren, die Teil unseres Lebens sind, offen sein. Wir können Zuneigung entwickeln zu den Menschen in unserem Leben, Verbundenheit mit den Orten und Dingen, die uns etwas bedeuten. Es ist schon gesagt worden, es liegt tiefe Weisheit darin, uns daran zu erinnern, dass wir nur das erkennen können, was wir lieben. Das Grundmotiv der Liebe lautet: »Nicht für mich allein.«

Dennoch müssen wir unterscheiden zwischen der Liebe, die rein und selbstlos ist, und diversen Erscheinungen einer geringeren Form der Liebe, die sich auf uns als Naturwesen bezieht. Dazu gehört die Liebe aus dem Instinkt heraus, die damit zu tun hat, dass wir unsere Nachkommen erhalten und beschützen, die Mutterliebe. Eine Katze geht immer wieder in ein brennendes Haus, um ihre Jungen zu retten, ohne auf ihre eigene Sicherheit zu achten. Auch unter Menschen tut eine Mutter alles für ihre kleinen Kinder. Ein Schritt darüber hinaus ist die Liebe, die eine Familie oder einen Stamm zusammenhält. Diese Art von Liebe lebt im Blut, das durch die Adern aller Angehörigen fließt und weitervererbt wird, und dies erklärt auch, warum Heirat außerhalb der gesetzten Grenzen meist vermieden wird. Sehr anders ist es, wenn wir uns verlieben, uns in emotionale Abhängigkeit begeben und von einem anderen Menschen entzückt sind, überwiegend von jemandem des anderen Geschlechts. Wunderbare Geschichten gibt es da, die in ewigem Glück oder bitterer Enttäuschung enden. Romantische Gefühle, neben denen nüchterne Ratschläge den Kürzeren ziehen, und mit denen jeder, der sich verliebt, ein Risiko eingeht. Welches Ergebnis auch immer, ob das Herz selig ist oder gebrochen wird: Wer verliebt ist, entdeckt neue Dimensionen des seelischen Fühlens.

Eine andere Form der Liebe, die durch verschiedene Auslöser hervorgerufen wird, ist die Bruderliebe. Kameradschaft, Zugehörigkeit zum Team, Treue zur Gruppe – alle verfolgen mit Begeisterung ein gemeinsames Ziel. Man kann es als *Esprit de Corps* bezeichnen, oder als den Reiz, der darin liegt, als individuelle Person in einer Gruppe aufzugehen. Aber nur allzu oft ist dies von einem offensichtlichen Eigeninteresse getragen, so selbstlos es auch erscheinen mag. In der Tat: Alle Formen von Hingabe, die aus dem Instinkt oder der Emotion heraus entstehen, können verschleierte Selbstliebe sein. Seelische Armut liegt diesem Phänomen zugrunde, nicht seelischer Reichtum. Auch Mutterliebe kann beengend sein, sobald das Kleinkind sich weiterentwickelt, erst recht, wenn es die Pubertät erreicht. Wenn ihm die notwendige Unabhängigkeit von der Mutter, die ihr Kind abhängig halten will, nicht zugestanden wird, dann ist Mutterliebe nicht mehr lebensspendend, sondern erstickend.

Wer Empfänger für die Liebe in ihrer reinsten Form sein will, muss frei sein. Es handelt sich um die Art von Liebe, die geistiger Natur ist, welcher Wahrheit und Weisheit zugrunde liegen. Mit dieser Form der Liebe bewegen wir uns von persönlicher Selbstbezogenheit zur Fähigkeit, die gesamte Menschheit und das ganze Universum zu lieben. Diese Macht kann Harmonie und Freude hervorbringen, wo auch immer man sich dieser Herausforderung stellt. Und was auch immer sie berührt, Wahrheit und Integrität werden zur Stelle sein. Wer von dieser geistigen Liebe berührt wird, wird bemerken, dass sich etwas in ihm verändert. Er wird den Impuls entwickeln, an sich selbst zu arbeiten, um seine eigenen Schwächen zu erkennen, und er wird anderen mit Empathie und Verständnis begegnen. Diese Liebe hilft nicht nur, weil jemand bedürftig ist. Sie verbindet Wunden und stillt das Blut derer, die wirklich leiden, denn sie erkennt in ihnen ihre wahre Menschlichkeit und nicht ihre Schwäche. Diese Art von Liebe sieht über persönliches Versagen hinweg, sie sieht ausschließlich den unendlichen Wert jedes einzelnen Menschen. Sie versucht nie, zu dominieren, zu herrschen oder rechthaberisch zu sein. Sie hat die Größe, zu dienen, und es gibt kein Wesen, das dessen nicht würdig wäre.

Eine Beziehung, die auf dieser Art von Liebe basiert, ist im Himmel geschlossen und für die Ewigkeit bestimmt. Sie wird noch jenseits der Lebenszeit derer, die sie verbindet, bestehen. Ihre Freundschaft wird im Laufe der Zeit reifen, durch den Tod hindurch, in das kommende Leben.

Diese geistige Form der Liebe, im Griechischen als *agape* bekannt, trat durch Christus in die Menschheit ein, obwohl der Weg dafür Jahrhunderte vorher durch Buddha bereitet worden war. Die Inkarnation von Christus in Jesus war das Geschenk Gottes an die Erde, welches durch das Opfer von Christus auf Golgatha erfüllt wurde. Diese Tat war für den Menschen notwendig. Wäre die geistige Liebe nicht in den Strom der Menschheit eingeführt worden, dann hätten die Kräfte der Selbstbezogenheit gesiegt. So, wie es jetzt steht, ist die Überwindung der Selbstbezogenheit nur zu einem geringen Teil gelungen. Aber der Kern ist eingepflanzt worden, und er wird mächtiger werden, sobald der Kampf gegen den Materialismus Erfolg haben wird. Wenn auch nur langsam, aber es findet eine Veränderung in der Welt statt. In dem Maße, wie die Menschheit lernt, den

Folgen von Ungerechtigkeit, Gier und Ablehnung höherer Werte ins Gesicht zu sehen, werden die Empathie und die Sorge um den Nächsten anwachsen.

Wir haben schon kurz erwähnt, wie die Völker zusammenhingen, die ursprünglich durch das Blut aneinander gebunden waren. Die Reinheit des Blutes innerhalb der Stämme wurde allmählich durch Heiraten über die Grenzen hinweg geschwächt, und dadurch wurde die Einheit des Zusammenhalts kleiner. Sippen teilten sich auf in kleinere Gruppen, und die Blutsbande begannen, ihre Macht zu verlieren. Was der Egoismus der großen Gruppe gewesen war, wurde zum Egoismus der kleinen Gruppe und der Familie, und auch das hat sich noch mehr zu einem Konzentrat verdichtet, bis hin zum Egoismus des Individuums in unserer Zeit. So weit hat es kommen müssen. Aber mit dem Erscheinen des Christus, der sich mit der Menschheit verband, ist eine Gegenkraft in den Strom der Menschheit eingetreten. Diese Kraft ist die geistige Liebe, eine Liebe, die von Egoismus frei ist und im Fluss des menschlichen Fühlens getragen wird. Und diese Liebe sagt: »Nicht für mich allein.«

Die Macht des Christus ist für die ganze Menschheit wirksam, sie ist das geistige Pendant zur Sonne. So wie alle Pflanzen in ihrer Abhängigkeit von der physischen Sonne vereinigt sind, so sind auch alle Männer und Frauen auf der Erde vereinigt in ihrer Offenheit gegenüber der Macht der Liebe, die von der geistigen Sonne herstammt, dem Christuswesen.

Es gibt nun einerseits Menschen, welche dieses Wesen anerkennen, das hinter der Macht des universellen Lebens steht: Sie sind die »wahren Christen«. Es gibt aber auch andere »wahre Christen«. Vielleicht verwendet ihre Religion nicht diesen Namen, aber sie erkennen ebenfalls ein Wesen an, das hinter der Macht des universellen Lebens steht. Auch sie streben danach, reine Empfänger für den Fluss der geistigen Liebe in die Welt hinein zu sein. Diese höhere Liebe hat zum Ziel, einen himmlischen Zustand auf der Erde zu schaffen. Denn tatsächlich würde ein himmlischer Zustand auf Erden herrschen, wenn sich alle Menschen die Kultivierung der geistigen Liebe in ihrem täglichen Leben zur Aufgabe machen würden.

Trotz aller Risiken bietet die Ehe die ideale Gelegenheit, die Tugend der geistigen Liebe zu üben. In der Ehe können die Partner gemeinsam nach derselben Wahrheit suchen, dieselben Fragen stellen, selbst wenn sie sich auf unterschiedlichen Stufen ihrer jeweiligen Entwicklung befinden. Sie können erleben, wie beflügelnd und beseligend Harmonie und Zusammenarbeit sind, und dabei höchste Achtung voreinander haben. Sie können danach streben, das geistige Potenzial des anderen in sich lebendig zu halten. Ihre gegenseitige Treue und Unterstützung befähigt sie, sich tief in die Seele des anderen hineinzuversenken, und so an Stellen, die voller Verletzungen und Blockaden sind, Heilung und einen Fluss an Lebensenergie anzuregen und damit neue Kräfte freizusetzen. Sie werden sich mit Klarheit und seelischer Wärme dessen bewusst sein, wo der andere Bedürfnisse hat, und zwar auf allen Ebenen, und werden versuchen zu helfen, wo auch immer dies angemessen ist. Jeder von beiden weiß dann, wann der andere das Alleinsein braucht, um ein Problem allein zu bewältigen, oder wann Hilfe außerhalb der Ehe gesucht werden sollte. Dies würde man in vollem Vertrauen unterstützen. Sie würden auch beim anderen erkennen, wenn das Bedürfnis besteht, innerlich ruhig zu werden und einfach passiv zu sein. Sie würden in sich selbst die Energie und Bereitschaft finden, den anderen durch Enttäuschung, Krankheit und Krisen zu begleiten. Und jeder von beiden würde dennoch eine in sich vollkommene, authentische, individuelle Person sein.

***

Das Problem des Menschen liegt darin, dass Instinkt und Emotion die selbstsüchtige Sehnsucht nach den physischen, sexuellen Impulsen auslösen, während die Vereinigung der seelischen und geistigen Kräfte bewusste Anstrengung sowie die Überwindung von Selbstbezogenheit und Selbstgenuss erfordert.

Es ist ebenfalls wahr, dass das Streben nach geistiger Erkenntnis auf egoistischen Motiven beruhen kann, woraus intellektuelle Arroganz, die Beherrschung anderer oder der Versuch, für sich selbst Reichtum anzuhäufen, resultieren. Mächte, die in die Irre führen, konfrontieren den Menschen von zwei Seiten. Es handelt sich um geistige Mächte, die einen sehr dunklen Charakter haben und das menschliche Denken mit außerordentlich wirkungsvoller Schlauheit beeinflussen. Ihre Machenschaften haben Methoden hervorgebracht, die nicht das Geringste mehr an sich haben, was wir als himmlisch oder selbstlos bezeichnen könnten. Daneben gibt es andere gefallene Mächte mit verführerischem Wesen, die versuchen, das Bewusstsein des Menschen von der Erde abzuziehen, damit er sich in Ideen und Gefühlen verliert, welche die Seele betören und sie mit Hochmut und Überlegenheitsgefühlen durchsetzen sollen. Man kann diese falschen von wahren geistigen Mächten unterscheiden, indem man die Testfrage stellt: »Machen sie einen Menschen frei oder unfrei, wenn es darum geht, sein wahres Selbst zu leben?« Wahre geistige Kräfte sind unbeugsam in ihrer Moralität und werden aufhören, eine Seele zu befruchten, die von Egoismen durchsetzt ist und geistige Energie für selbstsüchtige Zwecke missbraucht.

Wir haben über drei Formen der Liebe gesprochen: *agape, philia* und *eros.* Im Allgemeinen werden diese drei Auffassungen von Liebe als voneinander getrennt gesehen, als ob sie sich nur teilweise überlagern würden oder sich im gleichen Raum befänden. *Agape* ist die selbstlose geistige Liebe, um die es in unserer Betrachtung hauptsächlich ging. *Philia* ist das freundliche, warme

Gefühl, aufgrund dessen Menschen gut miteinander auskommen, welches aber nicht verlangt, dass man sich opfert. *Eros* ist heutzutage gänzlich in die Sexualität hineingezogen, wo er auch hingehört, denn der Anstoß dazu kommt vom anderen Geschlecht. Aber dennoch ist damit nicht ein blindes Verlangen nach sexueller Aktivität oder die Stimulation des sexuellen Instinkts gemeint. Eros ist edlerer Natur. Das schamlose Nachgeben des Triebes, der nach Sex verlangt, sowie das Durchbrechen der Grenzen akzeptierten Verhaltens kann *hybris* genannt werden, das griechische Wort für willkürliches, schamloses Benehmen. Es enthält in sich Vergewaltigung, Unverschämtheit und Empörung sowie schwerwiegenden Angriff. »Schamlosigkeit« bedeutet unmäßiges, unkeusches, lasterhaftes Verhalten. *Eros*, im Vergleich dazu, ist ein frohgemuter Gott, und er bringt die Freude zum Vorschein, die der Mann fühlen kann, der von Enthusiasmus und Bewunderung ergriffen ist, im Allgemeinen durch die Schönheit, die Grazie und das unbegreifliche Wunder einer Frau.

So haben wir also *agape* als das Ideal, *philia* und *eros* als das Menschliche, *hybris* als das Untermenschliche. *Philia* und *eros* können durch die Macht der *agape* verfeinert werden. Und darin liegt die Botschaft: *Philia* kann bis zur *agape* erhoben werden, so weit gehend, dass jegliche Selbstbezogenheit überwunden wird. Das warme Gefühl der Freundschaft schließt den Himmel auf, der damit das Elixier reiner Liebe in die Kelche der Freunde gießen kann, die ihr Zusammensein feiern. Und der Wahnsinn des *eros* in seiner Ekstase kann zu tief empfundenem Respekt und Achtung werden, frei von selbstbezogenem Schwelgen. Sein Gesang, Tanz und dionysische Energie kann zum Träger wahren Fühlens werden, und der Freudentaumel wird zum Freudenfest.

Und selbst *hybris,* nur scheinbar ein hoffnungsloser Fall, kann eine Verwandlung durchmachen. Denn man kann die Trennung der Geschlechter so verstehen, dass sie das Individuum dazu befähigt, mit den Göttern im Gespräch zu sein, und eben nicht als Freibrief für Orgien, Sinneslust und Vergewaltigung.

Dann könnte eine neue Kultur in die Sphäre der Sexualität einziehen. Sie könnte im Geist entstehen und durch die Seele hindurch wirken. Dann kann sie im sexuellen menschlichen Körper eine Antwort finden, indem die Menschen die Energien und den Genuss verstehen, den sie durch die sexuelle Seite ihres Wesens erlangen können. Diese werden sie dann als würdigen Anteil ihrer Menschlichkeit erleben. Wenn *agape* dann den Bereich der Sexualität durchdringen kann, wird dieser der Stachel des Bösen genommen werden, denn dann wird sie Ausdruck von Selbstlosigkeit und Erfüllung sein.

Die drei Ebenen der Liebe sind also nicht unüberbrückbar voneinander abgetrennt. Jede einzelne von ihnen kann zum Glück und Wohlbefinden des Menschen beitragen, vorausgesetzt, dass *agape,* die geistige Liebe, die anderen beiden durchdringt.

14. Der Pfad der Liebe

Die menschliche Liebe, die von der Wärme wahren Fühlens getragen ist und ihre Energie aus der spirituellen Dimension bekommt, ist eine ideale Form der Liebe. »Ideal« einerseits, da es sich um etwas handelt, was nicht leicht zu erreichen ist, aber auch insofern, als sie eine »Idee« ist, so wie Platon sie verstanden hat. Dieser Ansatz bringt uns dazu, in die Tiefe der Phänomene vorzudringen und damit die kreative und gestaltende Idee hinter jedem Phänomen zu erreichen. Dies führt uns zur Intuition, der höchsten Form der Erkenntnis.

Die meisten von uns sind noch lange nicht so weit, dass unsere Seelen in der Lage sind, die Träger dieser Form von Liebe zu sein, aber wir können doch die Herausforderung annehmen und es anstreben. Wir können uns selbst so verstehen, dass wir – zusammen mit dem größten Teil der Menschheit – versuchen, unseren Umgang mit der Liebe zu reinigen und zu vergeistigen. Dies wird viel Zeit und den Einsatz von sehr viel seelischer Energie benötigen. In Bezug auf unsere Taten wird dies einen hohen Grad an Bewusstsein verlangen, so wie den Willen, unser Denken zu verwandeln. Denn es ist erforderlich, dass wir in allen Menschen und Situationen unseres täglichen Lebens das Element des Ewigen erkennen. Es kann uns ein Trost sein, zu wissen, dass unsere ganz gewöhnlichen alltäglichen Erfahrungen die Gelegenheit dazu bieten, unser Bewusstsein des

Geistigen, des Ewigen zu erweitern – in allem, was scheinbar vergänglich ist.

Die Tage fließen dahin, und wenn uns jeder Tag einen kleinen Schritt weiterbringt, dann machen wir tatsächlich Fortschritte. So wie wir eines Tages innehalten, um den Ausblick wahrzunehmen, der gleich um die Ecke ist: Plötzlich bemerken wir zum ersten Mal, wie schön er ist. Ein Fremder bietet uns seinen Platz in der Warteschlange an, weil er bemerkt, dass wir es eilig haben. Das ist entgegenkommend von ihm, und wir sind dankbar dafür. Wir sind betroffen, wenn uns ein Nachbar widerspricht, in einem Punkt, in dem wir uns unserer Sache sicher waren. Aber dieses Mal hören wir genau hin und realisieren, dass seine Seite der Angelegenheit genauso gültig ist wie unsere eigene. Das sind kleine Schritte, aber sie bringen uns weiter. Nach einem Jahr sehen wir zurück und bemerken, dass wir an Klarheit und Tiefe unseres Seelenlebens gewonnen haben.

Wenn wir nachts unserem wahren Selbst im Schlaf begegnen, verdauen wir unsere Erfahrungen und überdenken ihre Bedeutung. Sobald wir uns bestimmte Ziele gesetzt haben, kann unser wahres Selbst herausfiltern, was von den Ereignissen des Tages relevant war. Nichts von unseren täglichen Erfahrungen geht verloren, alles wird abgewogen, und das Selbst nimmt das Gehaltvollste davon in sich auf. Wenn wir am nächsten Morgen erwachen, haben wir zwar kein Bewusstsein mehr davon, aber wir sind unserem Ziel näher.

Wenn wir uns zum Ziel setzen, eine geistige, spirituelle Liebe zu entwickeln, dann werden wir damit nach und nach die Kanäle erschließen, durch welche diese Liebe fließen kann. Wenn wir das ewige Wesen in jedem Menschen suchen, werden wir bemerken, dass sich dies mehr und mehr für uns enthüllt: in den Menschen, denen wir begegnen, und anderen, denen wir uns in unseren Gedanken zuwenden. Und unsere Gedanken selbst werden nach und nach frei werden: frei vom Druck unserer Instinkte und Emotionen, unseren Erinnerungen und unseren unterbewussten Sehnsüchten. Dadurch werden die Grundbedingungen für das Wachsen der geistigen Liebe erfüllt. Wir werden zu Trägern einer Macht des Fühlens, welche die Wärme der Achtung und Dankbarkeit in unserer Umgebung ausbreitet. Wir werden selbstlose Liebe entwickeln.

Ein Bild für die Verwandlung, die durch diesen Prozess entsteht, ist die Veränderung, die im Morgengrauen, nach einer vom Mondlicht erhellten Nacht stattfindet. Während das kühle, silberne Licht des Mondes schwächer wird, steigt im Osten eine neue farbige Helligkeit herauf, die die goldene Sonne ankündigt. Es kommt der Moment, in dem das neue Tageslicht über dem Horizont aufbricht und alle Räume, die sich dafür öffnen, mit seinem warmen Licht durchdringt. In Gegenden mit heißen und trockenen Sommern sind die ersten Regenfälle wie eine Gnade, die sich über der Natur ausgießt. Die Pflanzenwelt ist erfrischt und wie neugeboren und der Boden mit seinen natürlichen Funktionen wiederbelebt. In Gegenden, die den ganzen Winter hindurch mit Schnee bedeckt sind, löst der erste Anblick von grünem Gras eine ähnliche Freude aus.

Ohne Sonne und Regen gäbe es kein Leben auf der Erde. Aber der Mensch braucht mehr. Ohne geistige Liebe verlieren wir unsere Menschlichkeit. In den sieben Sakramenten des christlichen Lebens kann man das Ausströmen der geistigen Liebe in die Seelen der Menschen erkennen, so wie diese die Stufen und Rhythmen ihres Lebens begleiten.

- Die Taufe hilft der Seele, sich zu inkarnieren und den neuen Leib zu ergreifen.
- Die Konfirmation stärkt das Seelenleben des Jugendlichen, damit das Selbst seinen Träger immer mehr ergreifen kann.

- Der Gottesdienst, die Abendmahlsfeier, weiht den Menschen und macht es möglich, dass die Christuskraft die Seele durchdringt und ihre Trennung von den himmlischen Kräften überwindet.
- Das Beichtgespräch (ursprünglich »die Beichte«) hilft dem individuellen Menschen, sich selbst als wachsend und lernend zu erleben, und setzt dadurch seine Liebe zu Gott und seinen Mitmenschen frei.
- Das Ehesakrament schafft eine höhere Einheit zwischen Mann und Frau und segnet den Entschluss füreinander.
- Die Priesterweihe erkennt an, dass in jedem Menschen ein potenzieller Priester verborgen ist, und dass der Laie ebenfalls aufgerufen ist, die Mysterien zu betreten, welche die menschliche Entwicklung zum Geist führen.
- Die Letzte Ölung bereitet den Menschen auf seine Rückkehr zum allumfassenden Geistesbewusstsein vor.

Auf diesen sieben archetypischen Pfaden nähert sich die geistige Welt der Menschheit auf der Erde. Alle sind Liebestaten, die in jedem von uns einen Impuls anregen können, einander zu helfen, erkannt zu werden, und uns als vollkommenes menschliches Wesen zu entfalten. Da die geistige Liebe unser Thema ist, können wir sehen, dass die Sakramente die Liebe des Geistes zu allen Menschen auf der Erde bezeugen, die im Prozess sind, ihre Schicksale zu bewältigen und danach zu streben, ihre Mission auf Erden zu erfüllen. Diese sieben Pfade können folgendermaßen zusammengefasst werden. Wir können sie in erster Linie als die Stimme der geistigen Welt hören, die sich an uns wendet. Und in dem Maße, wie wir uns diese Pfade zu eigen machen, werden wir die Worte selbst sprechen können und damit den Segen an alle um uns herum in gleicher Weise weitergeben:

- Ich helfe dir, du selbst zu sein.
- Ich erkenne dich als Mensch, der sich entwickelt.
- Ich wünsche dir, dass du für das ewige Wesen in dir offen sein kannst und von der Selbstsucht, die dich vom Geistigen trennt, geheilt wirst.
- Ich fordere dich auf, dein Denken mit dem Ewigen zu verbinden, und als Antwort darauf Liebe in dir aufsteigen zu lassen.
- Ich segne dich in Gemeinschaft, sodass ihr euch gegenseitig inspiriert und helft, in einer Verbundenheit, die von einem geistigen Wesen beschützt wird.
- Ich sehe den Priester in dir, der die Erde in einen Kosmos der Liebe verwandeln kann.
- Ich helfe dir auf deinem Weg in deine geistige Heimat.

Wir *verändern* einen anderen Menschen nicht durch geistige Liebe, aber wir helfen ihm, in Freiheit er selbst zu sein. Wir streben danach, einen geschützten Raum für ihn zu schaffen, den er ausfüllen kann: groß genug, um darin zu wachsen, aber auch bestimmt genug, um sich unseres Verständnisses und unserer Achtung sicher zu sein. Wir werden niemanden mit Ratschlägen bedrängen, außer wenn wir darum gebeten werden. Und selbst dann werden wir unser Gegenüber ermutigen, seine eigenen Lösungen zu finden. Wir werden seine Grenzen nicht überschreiten und nicht in seinen Freiraum eindringen. Wir dürfen ihn nicht zwingen wollen, frei zu sein. Wir werden einzig danach streben, das Mondlicht seiner Einsamkeit in das Sonnenlicht der Gemeinsamkeit zu verwandeln.

Unsere Liebe wird ihm helfen, frei zu sein, aber nur insofern, als dies aus unserer eigenen inneren Freiheit kommt. Das erfordert Taktgefühl und Selbsterkenntnis sowie liebevolles Interesse am anderen. Es geht nicht, ohne dass wir nach Selbstlosigkeit streben. Der Pfad der Liebe ermutigt uns:

- ein Denken zu entwickeln, das die ewige, geistige Dimension mit einbezieht;
- dafür zu sorgen, dass sich dieses Denken, das seinen Ursprung im Kopf hat, durch das Herz ausdrückt, um es damit vor jeglicher negativen Kritik zu bewahren;
- in der Lage zu sein, Instinkte und Emotionen fernzuhalten. Man sollte sie sehen, fühlen und ihre Existenz anerkennen, sie sollten jedoch nicht unsere Taten und Einstellungen bestimmen;
- unsere Fähigkeit zu kultivieren, die Idee hinter allem, was uns begegnet, zu sehen oder zu fühlen. Dies bedeutet, unsere Umgebung objektiv zu beurteilen, ohne uns dem zu widersetzen, was uns entgegenkommt, noch davon abgeschreckt zu sein;
- moralisch zu handeln: Will man die Moralität seiner Absichten testen, kann man sich fragen: »Würde dies so im Himmel stattfinden?« Wie in den Worten: »Wie auf Erden, also auch im Himmel«;
- bereit zu sein, unsere Einstellungen, Urteile und Gedankenmuster zu verändern, sie den sich ständig verändernden Situationen um uns herum anzupassen, uns selbst Entwicklung zuzugestehen.

***

Liebe bringt Freuden mit sich, kann aber auch Leid verursachen. Liebe erfordert, dass man sich auf die Menschen, die man liebt, einlässt, ihnen in schweren Zeiten zur Seite steht und ihre Trauer mitträgt. Liebe bedeutet Freuden und Leiden.

Liebe ist zerbrechlich. In uns selbst kann sich die geistige Liebe in sinnliche Liebe verändern und zum Selbstgenuss werden. In der Tat ist es eine fast übermenschliche Aufgabe, dies zu vermeiden. Es bleibt einem nur, anzuerkennen, dass der Wunsch nach persönlichem Genuss entsteht, und sich darüber bewusst zu sein, was geschieht. Liebe soll man genießen, aber sobald sie in den emotionalen Bereich gerät, liefert man sie Stimmungsschwankungen aus. Das macht sie zerbrechlich. Außerdem könnte der Mensch, den man auf diese ambivalente Weise liebt – idealistisch und sinnlich zugleich – durch die doppelte Botschaft verwirrt werden.

Eros ist erfreulich, aber *eris* kann vernichtend sein. Vom einen zum anderen ist es nur ein kleiner Schritt! *Eris* ist das griechische Wort für Unfrieden und Auseinandersetzung, Streit und Rivalität. Wird *eros* enttäuscht oder abgewiesen, löst er heftige Reaktionen aus: »Flucht oder Kampf«. Und wenn sich Kampf durchsetzt, dann verändert sich alles zu *eris*. Liebe und Konflikt gehören zusammen, sagt man. Aber noch einmal: Bei dieser Liebe handelt es sich nicht um *agape*. Denn genau das wäre der große Unterschied: Die *agape* bliebe angesichts einer solchen Herausforderung souverän.

Bis wir die geistige Liebe errungen haben, können wir mit beträchtlichen Turbulenzen in unseren Beziehungen rechnen. Zwischen Liebe und Zorn ist nur ein schmaler Grat.

Und wir müssen uns daran erinnern, dass keiner von uns frei ist von *hybris*, von Schamlosigkeit, selbst wenn diese verborgen sein mag. In der Vergangenheit gab es in der Gesellschaft Regeln des guten Benehmens, um die Schamlosigkeit in Schach zu halten, nur gelten diese Regeln in unserer Zeit kaum noch, weshalb es jedem Einzelnen überlassen bleibt, seinen inneren Wolf oder seine innere Hyäne zu zähmen.

Der Pfad zur Liebe ist schwierig und herausfordernd. Wer selbstlos lieben will, mit Wahrhaftigkeit und Anstand, muss über sein inneres Selbst Herr sein. Das höhere Ich muss über das niedere Ich die Souveränität gewinnen und uns dazu führen, am

Zusammensein mit anderen Freude zu haben. Und dies auf eine Weise, in der die Integrität nicht verlorengeht. Integrität ist das Schlüsselwort: Es steht für Ganzheit, Aufrichtigkeit und Ehrlichkeit.

Dafür muss man mit sich selbst im Einklang sein, das ist der erste Schritt. Wer sich selbst akzeptiert, mit all seinen Schwächen und unerfüllten Sehnsüchten, Unsicherheiten und Mängeln, die dazugehören, kann unbefangen auf das reagieren, was ihm von anderen Menschen an Schönheit oder auch Bedürftigkeit entgegenkommt. Ein Mensch, der aus seinem Zentrum heraus lebt, ist nicht auf sich zentriert.

Als zweiter Schritt muss man in der Lage sein, zwischen Ewigem und Vergänglichem zu unterscheiden. Dies führt zu Integrität und Souveränität.

Der dritte Schritt ist die Fähigkeit zur Kommunikation.

Der vierte Schritt hat mit dem Bewusstsein von Grenzen zu tun, solchen, die nie überschritten werden, oder anderen, die nur nach Absprache überschritten werden dürfen.

Ein fünfter Schritt ist es, Vereinbarungen einzuhalten.

15. Frau sein

In unserer Betrachtung der Beziehungen kommen wir nun zu einer neuen Perspektive. Das Wesen und die Qualität von Beziehungen haben sich im Laufe der letzten Jahrzehnte stark verändert, die Grenzen haben sich verschoben.

Wo stehen unsere fortschrittlichen jungen Menschen heute? Eine Sache ist klar: Von dem Stereotyp *Mann und Frau* haben sie sich befreit. Wie sie fühlen und handeln, ist nicht mehr von ihrem Geschlecht vorgeschrieben. Was Fürsorge und Pflege betrifft, haben sich die Männer den Frauen ebenso angeglichen, wie die Frauen für ihre Führungsrollen, ihre Entschiedenheit und ihr logisches Denken Respekt verlangen. Wir können die gegensätzlichen Qualitäten und Neigungen, die man den Geschlechtern zugeordnet hat, nicht mehr länger vergleichen. Die Rollen werden immer auswechselbarer. Und dasselbe gilt für die Seelenqualitäten. Vorausgesetzt ...

Vorausgesetzt, im modernen Menschen haben sich das weibliche und männliche Prinzip gleichermaßen entwickelt. Denn jeder heutige Mensch (und dies wird in Zukunft noch zunehmen) weist beide Prinzipien auf, und sie sind immer weniger an das jeweilige Geschlecht gebunden.

Damit tritt eine starke Veränderung dahingehend ein, wie die Menschen veranlagt sind und wie sie ihr Leben gestalten. Erfüllende Beziehungen entstehen zwischen Menschen unabhängig vom Geschlecht. Es gibt immer mehr gleichgeschlechtliche Beziehungen, die auf Freundschaft und Liebe gebaut sind, und die Forderung nach Anerkennung – auch durch eine legale Eheschließung zwischen Partnern gleichen Geschlechts – ist eine Tatsache.

Kinder, auch wenn sie adoptiert werden, können sich in solchen Familien sicher fühlen, schließlich funktionieren viele dieser Partnerschaften genauso gut wie die besten der Ehen zwischen Partnern unterschiedlichen Geschlechts. Das Paradigma, dass ein Vater männlichen Geschlechts, eine Mutter weiblichen Geschlechts sein muss, ist nicht mehr die ausschließliche Möglichkeit, eine Familie zu begründen.

Heute begegnen uns viele Situationen dieser Art, und wir realisieren, dass neue Kräfte am Werk sind. Dies fordert uns dazu heraus, umfassender über den Zustand und die Entwicklung des Menschen nachzudenken. Wir befinden uns in einer Zeit des Übergangs, und das erfordert eine neue Offenheit und ein neues Verständnis. Es ist unsere Aufgabe, über die offensichtliche und traditionelle Art, das Leben und Verhalten von Frauen und Männern zu interpretieren, hinauszugehen.

Das heißt, wir müssen behutsam vorgehen, wenn wir uns in Bezug auf Mann und Frau bestimmte Vorstellungen bilden. Wir müssen die Polaritäten in der menschlichen Psyche beobachten und studieren und dabei anerkennen, dass das Geschlecht nicht immer der bestimmende Faktor in diesen Polaritäten ist. Im modernen Menschen wirkt etwas, das hinsichtlich der Verbindung zwischen Geschlecht und Charaktereigenschaften eine auflösende Wirkung hat. Dies kann sowohl negativ wie positiv sein. Was auch immer nach einer stereotypen Betrachtungsweise aussieht, wird abgelehnt, die Fortsetzung von Rollen, die an das Geschlecht gebunden waren, wird verurteilt. Gleichzeitig ist die

Ganzheit des Menschen angestrebt, in der sowohl das weibliche wie das männliche Element ihren Einfluss auf die Persönlichkeit und deren Fähigkeiten ausüben.

Personen

Das Wort »Person« ruft bereits das Bild einer Ganzheit hervor. Alle menschlichen Qualitäten können in einer »Person« zur Geltung kommen. Und mehr als das. Der Begriff »Person« weist darauf hin, dass etwas hindurchtönt: *per-sonare.* Aber was hindurchtönt, kann göttlicher Natur sein oder aus dem Bereich des Dämonischen kommen. Deshalb muss eine Person sich dessen bewusst sein, was durch sie hindurchtönt, und das Gute vom Bösen, den Engel vom Ungeheuer unterscheiden. Dass man dies unterscheiden kann, wird wesentlich. Die Person muss volle Verantwortung dafür übernehmen, was sie ausspricht, denkt oder tut.

Das weibliche Prinzip möchte andere Menschen unterstützen und lieben. Das männliche Element in jedem Menschen dagegen beobachtet, ergreift die Initiative, leitet und lenkt und tut dies (im Idealfall) mit so wenig Emotion wie möglich, es handelt zerebral (aus der linken Gehirnhälfte). Das männliche Prinzip ist im Allgemeinen zielorientiert und nur erfolgreich, wenn es frei ist, in der Aufgabe, die vor ihm liegt, aufzugehen.

Das weibliche Element ist dem Geistigen näher als das männliche. Das Universelle wird dadurch zum Persönlichen, das Geistige wird vermenschlicht, während das männliche Prinzip das Universelle praktisch gestalten und in den alltäglichen Gebrauch überführen möchte.

Unterschiede

Ohne Trennung gäbe es keine Suche nach Beziehungen. Die Weisheit, die uns alle so unterschiedlich und dadurch zu wesentlichen Gegensätzen füreinander gemacht hat, kann uns mit tiefer Freude erfüllen. Das Leben verlangt ständig von uns, unsere Einseitigkeiten gegenseitig auszugleichen, aber auch, jegliche Stufe auf dem Entwicklungsweg des anderen zu akzeptieren. Grundsätzlich gibt es drei Gruppen von Menschen.

Diejenigen, die sich so tief mit den Eigenheiten ihres Geschlechts identifiziert haben, dass sie sich der Veränderung, welche die westliche Zivilisation in den letzten Jahrzehnten erfasst hat, kaum bewusst sind. Man findet diese vor allem in den mehr konservativen Teilen der Gesellschaft.

Und diejenigen, auf die sich die ersten Abschnitte dieses Kapitels besonders beziehen: Menschen, bei denen das weibliche und das männliche Prinzip im Gleichgewicht sind und für die das Geschlecht nur im Hinblick auf das Zeugen und Gebären von Kindern eine Rolle spielt. Das sind die Menschen, die durch die neueren Trends des westlichen Lebens »befreit« wurden.

Und dann gibt es eine Gruppe dazwischen, die immer noch weitgehend von ihrer Geschlechtszugehörigkeit geprägt ist. Es ist wichtig, mit diesen über die Unterschiede in Einstellungen und Verhalten bei Männern und Frauen zu sprechen – und aufzuzeigen, wie beide ihre typischen Stärken und Schwächen haben, obwohl wir auch Männer finden, die ein starkes weibliches Prinzip vertreten, und Frauen, die eher männlich sind.

Der Rest dieses Kapitels sowie das nächste nehmen vor allem diese dritte Gruppe in den Blick. Insofern bietet es sich in diesem Zusammenhang an, die Begriffe »Frauen« und »Männer« zu verwenden, wenn wir ihre Unterschiede beschreiben wollen. Die zweite Gruppe mag diese Unterschiede irrelevant oder sogar verletzend finden, aber es ist trotzdem hilfreich, wenn sie Menschen in ihrem Umkreis verstehen möchten, die von den Auswirkungen ihrer Geschlechtszugehörigkeit noch nicht vollkommen emanzipiert sind.

Das ehemalige Yin und Yang

Frauen und Männer wurden früher als zwei Hälften eines Ganzen verstanden. Heute stellen beide ihre eigene, voneinander unabhängige Ganzheit dar, die Frauen sogar noch mehr als die Männer. In diesem allgemeinen Klima kann die Ehe nicht so bleiben, wie sie war. Sie kann in der modernen Welt nicht bestehen, wenn sie nicht den Wert von Mann und Frau gleichermaßen anerkennt. Das alte Muster von Regeln und Pflichten ist nicht mehr gültig. Die Aufteilung der Funktionen muss verhandelt werden, beide Seiten müssen zustimmen, und nichts sollte dem einen oder anderen Partner nur aufgrund seines oder ihres Geschlechts zugeteilt werden. Die Partner einer modernen Ehe werden auf diese Weise angeregt, die Entwicklung des anderen auf seine Ganzheit hin zu respektieren und zu unterstützen.

Zwei Kontraste

Es lohnt sich vielleicht, zwei Behauptungen daraufhin anzusehen, ob sie sich mit eigenen Erfahrungen decken. Die erste richtet sich auf die Beobachtung, dass es für Frauen vor allem wichtig ist, auf gesunde Weise mit anderen in Beziehung zu treten.

Die Frau kann ihre Aufgabe gut erfüllen, wenn ihre Beziehung stimmt, vor allem ihre Beziehung mit einem männlichen

Partner. Wenn es in dieser wichtigsten Beziehung eine Störung gibt, wird ihr Wille untergraben. Wenn andererseits alles in Ordnung ist, kann sie voller Begeisterung und energiegeladen arbeiten, auch dann, wenn die Arbeit langweilig oder monoton ist. Für den Mann dagegen ist es vor allem wichtig, dass seine Arbeit gut funktioniert, erst danach kommt die Beziehung. Sobald es Probleme bei der Arbeit gibt, zieht er sich in sich zurück und findet es schwer, in der Beziehung voll anwesend zu sein, besonders in Bezug auf eine weibliche Partnerin. Das heißt also, für die Frau ist die Beziehung das grundlegende Element, und die Freude an ihrer Arbeit ist davon abhängig. Für den Mann dagegen steht an erster Stelle die Arbeit. Wenn dort alles stimmt, läuft die Beziehung wie von selbst.

Es kommt oft vor, dass eine Frau sich unsicher und ungeliebt fühlt, ignoriert und im Wege, wenn ihr Partner durch ein Problem bei der Arbeit gestresst ist. Dabei möchte er nicht etwa unfreundlich oder gleichgültig sein. Er ist einfach nur beschäftigt, weil seine Welt, wie es ihm scheint, gerade zusammenbricht. Er muss sich zurückziehen, sich darum kümmern, und er will seine Probleme allein bewältigen. Eine Frau versteht das nicht immer. Sie sieht, dass es ihm nicht gut geht, also möchte sie für ihn da sein und ihm helfen. Sie realisiert nicht, dass sie ihn dadurch eben nicht stärkt, sondern im Gegenteil: dass sie ihm sein Versagen noch stärker vor Augen führt. Das Schlimmste, was sie tun kann, ist, unerwünschte Ratschläge zu geben: »Warum fragst du nicht Jakob? Der kennt sich doch mit diesen Dingen gut aus.«
Die andere Behauptung, die in Betracht zu ziehen und anhand eigener Beobachtungen zu überprüfen wäre, ist die folgende:

Die grundlegende Emotion oder stärkste treibende Kraft in der Frau ist der Zorn, die im Mann ist die Angst.

Das ist umstritten, aber es lohnt sich, einmal darüber nachzudenken. Ein Mädchen in seinen Teenager-Jahren ist höchstwahrscheinlich direkt, rebellisch und hat starke Meinungen. Ein Junge im gleichen Alter dagegen neigt mehr dazu, sensibel und schüchtern zu sein und sich häufig zurückzuziehen. Und dieses Verhaltensmuster setzt sich wahrscheinlich fort, wenn beide erwachsen werden. Wenn es zwischen Mann und Frau zum Konflikt kommt, fängt die Frau an zu weinen und bleibt vage, der Mann aber ist entschlossen, auf seinem Standpunkt zu beharren. Kommt es aber zur Entscheidung zwischen »Kampf oder Flucht«, dann zeigt sich, dass die Frau kämpft und der Mann flieht. Die Frau greift verbal an, der Mann sucht eine sichere Höhle, in die er sich retten kann. Selbst wenn er als letzten Ausweg zuschlägt, beweist er damit nur seine Feigheit und offenbart seine Angst.

Das erklärt vielleicht auch, warum Mädchen immer gesagt wird, dass sie sich gut benehmen sollen, und warum man von Jungen erwartet, dass sie tollkühn sind und draufgängerische Spiele spielen. Und Männer erinnert man daran, dass »große Jungen nicht weinen«. Man hält sie dazu an, ihre Gefühle nicht zu zeigen. Aber Frauen, die aufgebracht sind, sind leidenschaftlich und können in ihrem Zorn rechthaberisch sein. So gehen sie aufs Leben zu – und also auch auf ihre Partnerschaft. Sie sehen im Mann das Ideal, das er sein könnte, und werden zornig, wenn er diesem nicht gerecht wird. Sie verachten Doppelzüngigkeit, Unehrlichkeit und Mangel an Integrität. Sie haben vielleicht Sehnsucht danach, mit einem anderen Mann eine Affäre zu haben, aber dann denken sie an dessen Frau und halten sich lieber zurück, als diese zu verletzen. In ihren Augen kämpfen sie für das, was aus ihrer Sicht dem selbstverständlichen Anstand entspricht.

Das Missachten des Anstands ist nicht das Einzige, was eine Frau zornig machen kann. Das Phänomen des Zorns als Trieb-

kraft der Frau ist im Roman *Frauen*[8] von Marilyn French dargestellt (Originalausgabe: *The Women's Room*, 1977), und es ist
auch das Thema von Harriet Lerners Buch *Wohin mit meiner
Wut*[9] (Originalausgabe: *The Dance of Anger*). Dr. Lerner beschreibt die Rolle des Zorns im Leben von Frauen und nennt ihn
ein Signal, auf das man hören sollte. Er kann ein Hinweis darauf
sein:

- dass die Frau vermeidet, ein entscheidendes emotionales
  Problem in ihrem Leben anzusprechen;
- dass sie verletzt wird;
- dass ihre Rechte missachtet werden, oder dass auf ihre Bedürfnisse oder Wünsche nicht angemessen eingegangen
  wird;
- dass ihre Wertvorstellungen untergraben werden, gegebe-
  nenfalls innerhalb einer Beziehung, oder dass ihre Wünsche oder Bestrebungen zurückgewiesen werden;
- dass sie vielleicht mehr gibt oder tut, als sie schaffen kann;
- oder dass andere zu viel für sie tun und ihr nicht ermöglichen, ihre eigene Kompetenz zu beweisen und daran zu
  wachsen.

Man hat Frauen lange Zeit untersagt, Zorn direkt zum Ausdruck
zu bringen. Jede Frau, die einem Mann gegenüber zornig wird,
gilt als unweiblich, unattraktiv oder sogar streitsüchtig und wi-
derspenstig! Dabei ist in ihrem tiefsten Inneren ein edler Funken angefacht worden, der sich zu einem lodernden Feuer entwickelt hat. Das erklärt auch, warum Frauen beachtliche Energien
haben, mit denen sie durchhalten und auch lieben können, denn

---

8 Marilyn French, *Frauen*. Rowohlt, Reinbek 2008.
9 Harriet Lerner, *Wohin mit meiner Wut? Neue Beziehungsmuster für Frauen*. Kreuz
   Verlag, Zürich 1987.

Zorn und Liebe sind nicht sehr weit voneinander entfernt. Ihr Zorn entzündet sich an der Enttäuschung: »Warum wirst du dir selbst untreu? Ich kann sehen, was du in dir trägst, und du verkaufst dich unter deinem Wert. Warum? Warum?«

Integrität

Hierin zeigt sich ein fundamentaler Unterschied zwischen Frauen und Männern. In ihrem Seelenleben ist die Frau von Natur aus eine Einheit: Aus Körper, Seele und Geist bildet sie ein Ganzes. So unterschiedlich diese drei Elemente auch sind, die Frau fügt sie zusammen. Das Bindeglied ist die Seele. Ihr Fühlen mit der Seele verbindet sich mit der Inspiration des Geistes, um ihr die intuitive Einsicht zu vermitteln. Ihre Seelenstimmung wirkt sich auf den Körper aus: Die Freude der Seele gibt ihr Schwung, und der Schmerz der Seele findet seinen Ausdruck in Gebärden von Aufruhr, Schock und Verzweiflung.

Das Bewusstsein des Mannes von Geist, Seele und Körper hat nicht diese natürliche Integrität, er muss sich diese erwerben. Wenn er das nicht tut, dann kann er zwar ein Ideal erfassen, aber die Seele wird von sich widersprechenden Instinkten und Sehnsüchten ergriffen. Physischen Schmerz kann er standhaft ertragen und sich sogar davon distanzieren. Für die Frau ist es schmerzhaft, mitansehen zu müssen, wie wenig Integrität der Mann hat. Für sie bedeutet Integrität, moralische Integrität. Und so möchte sie auch selbst gesehen werden: als ein geschlossener Mensch, als gesund, harmonisch, integer. Es tut ihr weh, wenn ihr Partner das nicht erkennen kann.

Wenn eine Frau in einem Mann ihre Erfüllung findet, dann gibt sie ihm einen Teil von sich selbst. Das männliche Element ihrer Seele identifiziert sich mit ihm. Sie ist mit ihm verschmolzen. Wenn die Beziehung sich auf die physisch-sexuelle Ebene erstreckt, bietet sie ihm nicht nur ihren Körper, sondern mit ihm zusammen ihre Seele und ihren Geist. Damit geht sie das Risiko ein, nicht nur mit ihm zu verschmelzen, sondern sich abhängig zu machen. Das nimmt sie in Kauf und erlebt dies als gesund, vorausgesetzt, dass der Mann, den sie liebt, ihr treu bleibt. Sie lässt es zu, verletzlich zu sein.

Und sie erwartet von ihm, dass seine Treue ihr gegenüber in gleichem Maße umfassend und bedingungslos ist. Teilt er seine Aufmerksamkeit zwischen ihr und einer anderen Frau, ist sie tief verwundet. Denn was sie ihm von sich gegeben hat, kann sie nicht zurückbekommen: Es wurde vorbehaltlos verschenkt, in vollständigem Vertrauen. Ihm selbst mag sein Verhalten ganz natürlich erscheinen, denn das Interesse für die andere Frau kommt aus einem anderen Teil seiner Seele, er hat es aufgeteilt. Er empfindet es nicht als Untreue, vielmehr sucht er eine weitere Erfahrung, die seine Seele bereichert und sein Leben noch interessanter macht. Und er sagt sich selbst, dass diese zweite Beziehung keinerlei Verpflichtung enthält. Aber seine Sicht der Dinge ist nicht allgemein akzeptiert. Was fehlt, ist die Integrität. Der Mann aber nennt seine Partnerin eifersüchtig, besitzergreifend und irrational. Eine Frau jedoch, die aus ihrer eigenen Integrität heraus lebt, möchte die Integrität ihres Partners erleben, bewundern, lieben und sich dieser ganz hingeben. Sie sieht ihn als einheitlichen Menschen, so wie sie sich selbst als einheitlichen Menschen erlebt, und dass er nicht ihrem Ideal entspricht, verletzt sie. Sie sieht die Einheit, die sie beide zusammenfasst, in Gefahr.

Wenn eine Frau mit einem Mann schläft, dann hat sie das Bedürfnis und die Seelenhaltung, sich mit ihrem ganzen Wesen hinzugeben. Tut sie das nicht, dann fühlt sie sich nicht wirklich erfüllt, und sie verliert ihre Hingabe an die Beziehung. Ein

Mann kann ohne Weiteres mit einer Frau schlafen und dabei nur seinen Körper einsetzen, auch dann, wenn er seine Partnerin sehr liebt. Männer müssen lernen, als ganze Menschen zu lieben, um der Liebe ihrer Partnerin würdig zu werden. Das ist der Schulungsweg des Mannes auf dem Weg zu seiner Integration. Schafft er das nicht, leidet die Frau darunter sehr.

Nicht immer einfach

Das Leben einer Frau, die sich mit ihrer Geschlechtszugehörigkeit stark verbindet, ist aufgrund verschiedener Faktoren oft nicht leicht. Der Übergang in unserer Gesellschaft zu einer Kultur, die weniger stark auf bestimmte Rollen festgelegt ist, wird dies auf radikale Weise verändern, aber bis es soweit ist, gibt es schon jetzt Bereiche, die verwandelt, und Muster, die verändert werden müssen. Denn oft finden wir, dass die Frau:

- den Druck von zu vielen Rollen ertragen muss (Karriere, Familie, Haushalt, private und berufliche Beziehungen);
- sich nicht völlig auf ihre Karriere einlassen kann, ohne teilweise die Erfordernisse des Mutterseins zu opfern;
- selten genug Raum hat, sich kulturell weiterbilden zu können, da sie bereits Geld verdienen, den Haushalt führen und eine Fülle von praktischen Tätigkeiten ausführen muss, die ihre Zeit und Energie verbrauchen;
- in einer Ehe lebt, die nicht funktioniert, oder dass die Ehe zerbrochen ist;
- sich sehr einsam fühlt, selbst wenn sie eine Familie versorgt.

Der größte Unterschied

Durch das Erlebnis, Kinder zur Welt bringen zu können, kann eine Frau eine seelische Tiefe erlangen, die für Männer unerreichbar ist. Mutterschaft, mit all ihren Schmerzen und Freuden, lässt sich mit keiner anderen Erfahrung vergleichen. Die Tatsache, dass alle Frauen dieses Potenzial in sich tragen, verleiht ihnen eine Gabe, mit der sie an die Ewigkeit heranreichen. In ihrem Seelenleben kann sich die Frau über den irdischen Zustand hinausheben. Eine innere Kraft, die im weiblichen Element lebt, öffnet ihr den Zugang zur Welt der Wahrheit, der Schönheit und des Guten, zu alldem, was jenseits der Welt des Alltäglichen liegt. Das Leben auf der Erde ist eine ständige Herausforderung an ihre Stärken, aber was sie trägt, ist das Wissen, dass der andere Zustand in Augenblicken wahren Fühlens erreicht werden kann. Dieses Wissen gibt ihr Zufriedenheit. Sie kann über Täuschungen, Dummheit und moralische Schwächen, die sie jeden Tag erlebt, zornig sein, aber wenn sie sich in sich selbst zurückzieht, können ihre Gedanken und Gefühle diese andere Welt betreten, in der die Werte, die für sie zählen, unantastbar sind.

16. Mann sein

Die Behauptung, die im vorigen Kapitel aufgestellt wurde, die grundlegende instinktive Emotion des Mannes sei die Angst, muss genauer betrachtet werden. Wo kommt das her?

Es ist die Angst, zu versagen, nicht zurechtzukommen, nicht zu genügen. Wir erwähnten ja schon den Troll, der mit seiner Seele verbunden ist und auf seiner linken Schulter sitzt, der immer wieder zu ihm sagt: »Guck dich mal an! So toll bist du ja nicht, oder?« Diese scheußliche Kreatur arbeitet daran, sein Selbstbewusstsein zu untergraben, obwohl es ihn auch dazu anspornen kann, das Gegenteil zu beweisen. Für einen Mann ist es entscheidend, ob er Erfolg hat oder nicht.

Worin muss er Erfolg haben, was muss er erreichen? Etwas ganz Eigenes will er leisten, von seinen Kollegen anerkannt werden, seinen eigenen Ehrgeiz befriedigen und die Ziele erreichen, die er sich selbst gesetzt hat. Er will vielleicht auch seine Vorgesetzten beeindrucken, oder die ihm Untergebenen, sowie die Frau in seinem Leben. Aber an erster Stelle muss er mit sich selbst zufrieden sein. Er beobachtet gern, wie andere es machen, vor allem wie die Einzelnen im Team zusammenarbeiten. Deswegen macht es ihm Spaß, beim Sport zuzusehen. In seinen Tagträumen ist er der Star, der mit dem Team antritt, sich in einer genialen Aktion freikämpft, wie besessen losrast … und … Tor!

Die Szene auf dem Spielfeld ist ein Symbol für seinen eigenen ersehnten, triumphierenden Durchbruch zum Sieg. Was folgt, ist die Entspannung, der Jubel, das herrliche Gefühl, es geschafft zu haben. Den Troll auf seiner Schulter endlich zum Schweigen gebracht, was für ein Glück!

Aber wehe, man erwähnt diese heimliche Angst. Seine einzige Verteidigung sind Angeberei, Macho-Gehabe oder das Leugnen jeglicher Angst. Hier liegt die Achillesferse des Mannes, sie macht ihn verwundbar.

Wie anders verhält es sich hier als bei der Verwundbarkeit der Frau. Für sie ist der Fluss des Fühlens kostbar, wahr und von Liebe erfüllt, und wenn er keine Aufnahme findet – oft, weil er als Sentimentalität missverstanden wird –, dann leidet sie. Ein Mann leidet, wenn eine Bemerkung oder ein Ereignis den Troll anstachelt, der dann sarkastisch auflacht und seine gehässigen Bemerkungen macht.

Der Mann muss sich oft zwischen Kampf oder Flucht entscheiden, und wie wir schon im vorigen Kapitel beobachtet haben, kommt dies gegen den Zorn der Frau nicht an. Wenn er aber andere Männer neben sich oder gegen sich hat, wird ihn seine Sehnsucht, sich zu beweisen, zum Kampf anstacheln. Dies ist der Grund, weshalb er sich an Wettbewerben, Diskussionen, Streitereien, Redeschlachten und letzten Endes an Gewalt beteiligt. Dies spielt sich vor allem zwischen Männern ab. Er kann natürlich all dies auch mit Frauen haben, aber gewinnen wird er dabei nicht, wie gut auch immer er sich dabei anstellt. Im Allgemeinen hat seine Leistung keine Wirkung auf die Frau, ist diese doch davon überzeugt, dass sie moralisch überlegen ist.

Da wir schon beim Thema Gewalt sind: Hier haben wir das tragische Schauspiel unserer Zeit. Die Lawine der Gewalt ist ansteigend, und die Haupttäter sind Männer. Gewalt ist oft feige, irrsinnig und selbstzerstörerisch, doch sie produziert eine Welle des Elends und Schreckens nach der anderen. Ist es Zufall, dass dieses Phänomen eine ernsthafte Bedrohung wird, in einer Zeit, in der die Frauen mehr Freiheit und Selbstbestimmung errungen haben? Gibt es da einen verborgenen Zusammenhang? Könnte es sein, dass der Gewinn für die Frau gleichzeitig ein Verlust für den Mann ist, insofern ihm die Quelle, von der er Bestätigung erwarten konnte, nicht wie bisher zur Verfügung steht?

Eine weitere Beobachtung, die im vorigen Kapitel gemacht wurde, hat mit der Unterteilung in der Seelenhaltung des Mannes zu tun. Er kann einerseits inspiriert und geistig aktiv sein, und in der Tat waren die Philosophen in der Vergangenheit hauptsächlich Männer. Und dennoch kann er in seinem Alltag erheblich von den Idealen abweichen, zu denen er sich bekannt hat. Im praktischen Umgang mit anderen – Kollegen oder Rivalen – kann er durchaus auf Methoden zurückgreifen, die niedrige Instinkte wie Neid und Rache verraten. Oder er kann in seinem Denken eine strenge Disziplin verfolgen und in seinen täglichen Gewohnheiten schlampig sein. Er kann im sozialen Zusammenhang Thesen aufstellen, aber zu Hause ist er vollkommen unsozial. Er kann im Freundeskreis ein guter Kamerad, aber gegenüber seiner Frau niederträchtig sein. Widersprüche dieser Art deuten möglicherweise einen Widerstand gegen Selbsterkenntnis an. Psychotherapie aufzusuchen, besonders Eheberatung, liegt ihm fern. Die Angst, entlarvt zu werden, sitzt tief. »Ich kenne mein Problem, jedenfalls bis zu einem bestimmten Punkt, das muss ich mir nicht noch von dir unter die Nase reiben lassen.«

***

So weit zur schwachen Seite des Mannes. Das veränderte Bewusstsein in unserer Zeit, sowohl in Bezug auf den Mann wie auf die Frau, bedeutet, dass sich auch einiges für den Mann verändert, und es besteht Hoffnung, dass sich seine Schwäche, seine Grundangst, in eine einfühlsame Suche nach neuen Werten umgestalten wird. Nach Werten, die sich nicht mehr auf Selbstbehauptung begründen, oder auf das Bedürfnis, wirkungsvoll und einflussreich zu sein.

Die Kluft zwischen Männern und Frauen wird geringer. Dies muss nicht heißen, dass Männer dadurch »verweiblicht« werden, aber es erscheint doch eine sanftere, fürsorglichere Seite ihrer ansonsten maskulinen Natur. Wenn sie auch immer noch vom Mars kommen (worauf Dr. John Gray in seinem populären Buch *Männer kommen vom Mars, Frauen von der Venus*[10] hinweist), scheint es doch so, als wäre »der Mars« in Veränderung begriffen.

Lassen Sie uns einen kleinen Ausflug in die moderne (westliche) Geisteswissenschaft machen, die wir Rudolf Steiner verdanken. Demnach liegt John Gray halbwegs richtig. Männer kommen nicht vom Mars, aber sie gehen, auf dem Weg in ihre irdische Inkarnation, durch die Marssphäre. In dieser Sphäre nehmen sie solche Qualitäten auf wie Mut und Stärke, wie man ihnen auch im entsprechenden Metall des Mars, dem Eisen, begegnet. Frauen gehen ebenfalls durch die Marssphäre, so wie Männer auch durch die Venussphäre gehen. Die männliche Inkarnation weist diese Einflüsse jedoch überwiegend auf, so wie die weibliche überwiegend die Venusqualitäten aufweist.

Dass der Mann sich auf das Kämpfen verlassen hat, welches die Muster der menschlichen Geschichte durch die Jahrhunderte bestimmt hat, sollte sich aufgrund eines gewaltigen geistigen Ereignisses vor ungefähr vierhundert Jahren verändern. Wir sprechen hier über Zeiten der Evolution, und solche Ereignisse machen sich erst über einen längeren Zeitraum als Veränderung im Seelen-

---

10 John Gray, *Männer sind anders. Frauen auch – Männer sind vom Mars, Frauen von der Venus.* Goldmann, München 1992.

leben bemerkbar. Der Wechsel kann auf das Jahr 1604 festgelegt werden, als Christus, der Herrscher des Kosmos und Führer der Entwicklung des Menschen, einem Wesen, das wir Buddha nennen, eine besondere Aufgabe übergab. Dieses Wesen hatte sich sechs Jahrhunderte vor Christus als Siddharta Gautama mit der Mission inkarniert, die Qualitäten von Mitleid, Liebe und Bewusstsein des Geistigen auf die Erde zu bringen. Die neue Aufgabe Buddhas war es nun, auf dem Mars dessen aggressive Energien in Handeln aus Mitleid umzuwandeln. Der Mars, auf den wir uns hier beziehen, ist nicht der sichtbare rote Planet, sondern die geistige Sphäre des Himmels, die sein Umlauf markiert.

Die Wirkung des Einflusses von Buddha wird sich darin zeigen, dass Aggressivität in liebevolle Zuwendung umgewandelt wird. Die Anwendung von Gewalt wird zu einer Praxis des Verstehens werden. Diese Veränderung in der Veranlagung des Mannes wird nach und nach in Erscheinung treten, und die Anzeichen dafür sind schon erkennbar. Wir sehen immer häufiger Männer, die fürsorglich, offen und sich ihrer Gefühle bewusst sind. Wir finden diese Qualitäten inzwischen sowohl bei Männern wie bei Frauen.

Eine so gewaltige Veränderung braucht Zeit. Vorläufer gibt es jedoch schon seit einigen Generationen, wie zum Beispiel die erstaunliche »Brüderlichkeit« von Menschen, die mit Down-Syndrom geboren wurden. Sie zeigen Herzenswärme und einen Mangel an Aggression und haben damit ein neues Element unter uns alle gebracht. Sie gelten als »behindert«, weshalb die moderne Medizin, die diese Behinderung durch Fruchtwasseruntersuchung feststellen kann, offen zur Abtreibung drängt, um sie auszumerzen. Aber der modernen Medizin ist entgangen, dass dieses Phänomen vor allem in fortschrittlichen »westlichen« Ländern aufgetreten ist, wo durch die Hektik des Lebens, in Verbindung mit Technik und Materialismus, die Elemente von Liebe und Wärme in Gefahr sind, verloren zu gehen.

Der Übergang vom starken, kriegerischen Mann der früheren Zeiten zum durch und durch fürsorglichen Mann der Zukunft ist nicht einfach. Die heutige Tendenz zu Gewalt ist ein Überbleibsel des ehemaligen Einflusses durch Mars – und sie beweist, dass die freundlicheren, milderen Züge noch keine allzu weite Verbreitung gefunden haben. Aber die unaufhörliche Suche nach friedlichen Lösungen in internationalen Angelegenheiten sowie das wachsende Bestreben nach Konfliktlösungen und Versöhnung enthalten Keime für eine Zukunft, in der mehr Mitgefühl vertreten sein wird.

Viele der Männer, die in dem Jahrzehnt nach dem Ende des Zweiten Weltkrieges in den westlichen Ländern geboren wurden, haben den starken Impuls mitgebracht, die aggressive Haltung des »Macho« zu überwinden. Eine edle Absicht geriet jedoch in die Irre, wie es oft geschieht. Die sogenannten »Blumenkinder« der Flower-Power-Generation waren liebe, weiche Menschen, sie wollten der Härte der Welt und ihren beengenden Notwendigkeiten entfliehen. Aber sie verloren ihre Willenskraft durch übertriebenes Träumen und griffen schließlich zu psychedelischen Drogen, um ihr Bewusstsein zu erweitern und Zugang zum Übersinnlichen zu finden. Ihr Motto »Make love, not war« lag auf derselben Linie wie die Gesinnung der neuen »Marsmenschen«, nämlich durchdrungen zu sein von liebevollem Mitgefühl. Doch sie verloren jegliche Formkraft und konnten die Probleme der Zeit weder aufgreifen noch lösen. Letzten Endes konnten sie nur aussteigen.

Und dann gibt es Menschen, die nicht den illusionären Weg gewählt haben, um zur Ganzheit zu finden. Diese passen sich mit einer neuen Auffassung vom Geistigen der heutigen Welt-Situation an. Sie widmen ihr Leben den Heilberufen, der Kunst, der Erziehung, dem Aufbau von freien, bewussten Gemeinschaften, einer Erneuerung der Religion und einer Wiederbelebung von Landwirtschaft und Architektur. Sie streben danach, Wege zu finden, um das Wirtschaftsleben vom Wettbewerb abzubringen und als Zusammenarbeit zu gestalten. Sie haben versucht, das alte hierarchische System in andere Formen der Assoziation zu verwandeln sowie geteilte oder abwechselnde Führung einzuführen. Sie suchen einen Pfad der inneren Entwicklung, ohne die einengenden Forderungen eines Gurus, basierend auf der langsamen, aber stetigen Hingabe an innere Übungen.

Sie leben in Harmonie mit der universellen Weisheit, die über lange Zeiten gelehrt wurde. Sie haben erkannt, dass der moderne Mensch die Wahrheit auch durch klares, imaginatives Denken erlangen kann. Und auf dem gleichen Wege kann der moderne Mensch auch das Gute intuitiv erfassen, wodurch die Moral nicht mehr ein Regelkodex sein muss, der einem durch Autorität von außen vorgeschrieben wird, sondern eine führende Kraft im eigenen Inneren werden kann, welche den Menschen frei, authentisch und verantwortlich macht.

Diese neue Richtung für die Menschheit gründet sich auf ein umfassendes Wissen, das von jedem einzelnen Menschen mit Hilfe von entsprechenden Methoden untersucht und geprüft werden kann. Diese neue Geisteswissenschaft verbindet sich mit einem Verständnis des menschlichen Wesens, das für moderne Menschen anregend wirkt und ihnen hilft, ihre Ängste und Frustrationen zu überwinden, sowie im Hinblick auf eine Menschengemeinschaft positiv zu wirken, indem Männer und Frauen das wahre Wesen ineinander erkennen. Sie werden erkennen, wie sie ihre Bemühungen vereinigen und eine neue Vorlage für ein soziales Zusammenleben schaffen können, in welchem die Gesellschaft das Individuum im gleichen Maße respektiert wie das Individuum die Gesellschaft. Das Ideal liegt noch in weiter Ferne, aber die Möglichkeiten, es zu erreichen, sind gegeben. Und es gibt schon viele, die an dieser Aufgabe arbeiten.

Bei alldem kann der Mann seiner Arbeit nachgehen und in

seinem Innersten wissen, dass er das Potenzial hat, eine vollkommene menschliche Person zu sein – ausgestattet mit neu auftretenden weiblichen Qualitäten, die sein maskulines Wesen erweitern und durchwärmen, seine Einseitigkeit heilen und ihn zu einem guten Gefährten machen, sowohl für den Mann wie für die Frau. Es gibt Hoffnung.

***

Aber wir müssen immer noch zu verstehen versuchen, was die Grundangst des Mannes heute ist. Es ist ein Wesenszug des Mannes, der im Übergang ist, und Übergänge sind immer beängstigend. Es handelt sich um einen ganzen Komplex von Sorgen, denen jeder Mann begegnen muss, die aus seiner Seele, oder vielmehr aus einer tiefliegenden, meist schwer auslotbaren Schicht seines Unbewussten, aufsteigen. Die Bedingungen für den modernen Mann machen es viel schwieriger für ihn, damit umzugehen, als es vor der Bewegung zur Befreiung der Frauen der Fall war, als die Position des Mannes auf allen Gebieten des Lebens noch sicherer war. Das heißt auch: bevor der Wechsel im Einfluss des Mars einsetzte – ein Übergang, der seine Wirkung erst in den letzten Jahrzehnten gezeigt hat.

Ein Mann hat Grundbedürfnisse, die mit den grundlegenden Trieben seiner Seele verbunden sind. Er braucht es, gebraucht zu werden. Seine Männlichkeit drückt sich darin aus, dass er sein eigenstes Wesen großzügig verschenkt. In unserer modernen Kultur, die vor deutlicher Sprache nicht zurückschreckt, nennen wir dies die Macht des Penis. Er ist gleichzeitig das Instrument wie das Symbol der Potenz, und er herrscht damit. Aber gleichzeitig ist er verlegen und schamhaft, was diesen Teil seiner Ausstattung angeht. Er ist nicht für die Öffentlichkeit bestimmt. Dasselbe geschah, als Adam (und entsprechend Eva) den Apfel aßen: Scheu überkam sie – sie empfanden das Erwachen einer Kraft, die im privaten Bereich bleiben musste.

Obwohl das Männlichkeitsorgan ein äußerliches Organ ist, hat der Mann das Gefühl dafür internalisiert. Dieses Paradox wirkt auf den Mann verunsichernd, vor allem, was seinen Körper betrifft, und aufgrund dessen ist er durch seine bloße Existenz verwundbar. Auf der einen Seite ist der Penis ein Zeichen von Macht, auf der anderen Seite verursacht er quälende Unsicherheit. Das Ungeheuer und der Schwächling kämpfen in seiner Seele miteinander. Man erwartet von ihm, dass er »seinen Mann steht« und seine Potenz beweist. Und gleichzeitig zehrt die Angst vor der Impotenz an ihm. Er möchte stark sein, aber er hat Angst davor, seine Schwäche zu zeigen. Er genießt die Bewunderung von anderen, aber fürchtet, lächerlich gemacht zu werden. Selbst wenn seine Ängste nicht durch andere Menschen um ihn herum ausgelöst werden, ist da immer noch der Troll auf seiner Schulter, der ihn jederzeit attackieren kann.

Und all das geschieht parallel zur Emanzipation der Frau. Ihre Befreiung hat ihre Forderungen an den Mann verstärkt, die Pille hat sie frei gemacht. Sie hat auch bewirkt, dass Männer nicht mehr vorsichtig oder rücksichtsvoll sein müssen. Und vor einiger Zeit ist auch noch die Angst vor AIDS in den Vordergrund getreten. Die Verhütung soll das Leben verhindern, die Vorsichtsmaßnahmen gegen AIDS sollen den Tod verhüten. Die innere Dynamik, die dem Mann zu schaffen macht, ist in den letzten Jahrzehnten komplexer und verwirrender geworden.

Die Krise, die die männliche Identität betrifft, ist umso fundamentaler, weil die Männer jetzt die Frauen mit im Bewusstsein haben müssen. In der gar nicht so fernen Vergangenheit mussten Männer ihre Vereinbarungen, ihre sozialen Verträge, meistens nur mit Männern abschließen. Jetzt müssen sie die Frauen voll miteinbeziehen. Eine reine Männerwelt gibt es nicht mehr. Rosalind Miles schreibt in ihrem scharfsinnigen Buch »Die Riten des Mannes«[11] (*The Rites of Man,* nicht ins Deutsche übersetzt):

»Für den Mann, der seinen Platz verloren hat, ist aufgrund der schwer zu beschreibenden und mit Sicherheit nicht mehr umkehrbaren sozialen Veränderung das Wort ›Frau‹ (wie früher ›die Roten‹ oder ›die Schwulen‹) ein Code für eine tiefe Verunsicherung. ›Männlichkeit‹ war im Wesentlichen immer ein Vertrag unter Männern. Als ›Subunternehmer‹ haben Frauen zwar immer eine entscheidende Rolle gespielt. Aber durch die vergangenen annähernd zwanzig Jahre mussten die Frauen ihre eigenen Verträge überdenken und neu schreiben, denn auf einmal sind alle bisherigen Abkommen ungültig. Ungefähr ein bis zwei Jahrzehnte des Feminismus haben die Welt nicht nur für die Frauen verändert: Es hat in der Reaktion des Mannes, der sich damit auseinandersetzt, eine Krise hervorgerufen. Wie soll er in dieser ›schönen neuen Welt‹, die auf das Patriarchat gefolgt ist, ein Mann sein, wenn alle durch die Zeit gerechtfertigten Requisiten, Drehbücher, Vorrechte und Vorteile abgeschafft oder weggerissen worden sind?«

Es ist eine Tatsache, dass Männer im Allgemeinen mehr zu Selbstmord neigen als Frauen, und in allen westlichen Kulturen sind junge Männer im Alter zwischen fünfzehn und fünfundzwanzig Jahren am meisten gefährdet. Daran zeigt sich, dass der Eintritt ins Erwachsenenalter für viele eine ernsthafte Herausforderung ist. Wie Miles sagt:

»Das männliche Geschlecht war nie zerbrechlicher, und gleichzeitig herausfordernder, stärker und maßloser als jetzt.«

---

11 Rosalind Miles, *The Rites of Man.* Grafton Books, New York 1991, S. 9.

Ein beunruhigender Aspekt in der Identitätskrise der Männer ist die große Anzahl an Familien mit nur einem Elternteil. Kinder wachsen ohne die natürliche Gegenwart des Vaters auf. Für Jungen bedeutet diese Abwesenheit eines aktiven Vorbilds, das Teil des Familienlebens ist, den Verlust eines prägenden Einflusses, den sie brauchen, um ihre Persönlichkeit zu bilden. Ist das Familienleben schwach oder einseitig, können kleine Kinder nur schwer das Grundvertrauen aufbauen, das ihnen die sichere Grundlage für ihr Leben gibt.

Eine weitere Sorge, die daran zehrt, dass sich junge Männer zugehörig und gebraucht fühlen, ist der Mangel an Arbeitsmöglichkeiten für alle, die den Arbeitsmarkt betreten. Eine Schulausbildung und möglicherweise ein Studium ohne Hoffnung auf einen gesicherten Arbeitsplatz zu absolvieren, hat eine vernichtende Wirkung auf das Selbstbewusstsein.

Dann folgt die unvermeidliche Lebenskrise, wenn ein Mann älter wird: die Midlife-Crisis zwischen fünfunddreißig und vierzig Jahren und die Krise der mittleren Lebensjahre zwischen fünfundvierzig und fünfundfünfzig. In beiden Fällen ist die innere und soziale Sicherheit des Mannes herausgefordert.

Obwohl wir also diese verschiedenen Formen der Verunsicherung des Mannes wahrnehmen können, gibt es doch Anlass zur Hoffnung, dass der gegenwärtige Übergang die Männer zu einem neuen Selbstvertrauen führen wird. Ein Mann hat zwölf positive Rollen, die ihm zur Verfügung stehen, und wenn er sie ausfüllt, kann er sein Potenzial beweisen:

- Der Mann ist nach wie vor derjenige, der Leben spendet, und sollte deshalb keinen Tod durch Gewalt verursachen.
- Er sollte sich der Frau auf solche Art zuwenden, dass er ihr zur Erfüllung verhilft, nicht zu ihrer Unterwerfung.
- Er solte Zusammenarbeit im Sozialen fördern.

- Er kann ein kreativer und imaginativer Denker sein, nicht jemand, der nur reagiert oder Berechnungen anstellt.
- Er kann Reichtum zum Wohl der Menschheit produzieren, nicht nur für sich selbst.
- Er kann Arbeit an der Erde leisten und sie bereichern, anstatt sie auszubeuten.
- Er kann im modernen Sinn ein König sein, nicht aber als Herrscher, sondern als Träger des Schicksals der Menschen, die zu ihm gehören (so wie Christus voranging, als er seinen Jüngern die Füße wusch).
- Er kann ein Priester sein und den Segen vom Himmel herabrufen, anstatt zu versuchen, als Zauberer zu wirken.
- Er kann lernen, ein Liebender zu sein, nicht jemand, der zwar Liebe fordert, aber nur sich selbst lieben kann.
- Er kann ein wirklicher Ehemann sein, der dafür sorgt, dass sein Haus in Sicherheit ist und seine Frau und seine Kinder sich behütet und geliebt fühlen.
- Er kann ein Vater sein, der der Mutter zur Seite steht und die Kinder in das Erwachsenenalter begleitet.
- Er kann jemand sein, der als Mensch wächst, der angesichts von Widerständen nicht aufgibt und damit ein Vorbild für seine Familie ist.

Wenn er diese zwölf Punkte als Ziel und ihre Umsetzung anstrebt, dann kann ein Mann lernen, welche Freude es bereiten kann, seine Fähigkeiten liebevoll in den Dienst der anderen zu stellen. Er muss bereit sein, Fehlschläge zu akzeptieren, und darf nicht der Angst unterliegen, ein Versager zu sein. Angst macht Selbstvertrauen zunichte und kann bewirken, dass man lieblos handelt. Die Macht der Liebe, wenn sie in ihm lebendig wird, wird seine Neigung, vor allem mit sich selbst beschäftigt zu sein, auflösen. Er wird dann anderen helfen wollen, ihr Leben zu meistern.

17. Gegenseitiges Vertrauen

Wie wunderbar ist es, wenn zwei Menschen Vertrauen zueinander haben, im Wissen, dass sie sich gegenseitig bedenkenlos alles anvertrauen können!

Es gibt keine bessere Art und Weise, in Beziehung zu sein: in Offenheit, Freiheit, Vertrauen und Intimität. Aber ein solches Vertrauen kommt nicht von selbst, es steht am Ende eines Prozesses. Um sich wirklich auf tiefe Weise kennenzulernen, muss man die Stärken und Schwächen des anderen kennen, so wie es ja auch sonst mit den Menschen geschieht, die täglich um uns sind. Nur in diesem Fall muss das Erkennen zum Akzeptieren führen. Keiner der beiden Partner sollte sich minderwertig, bedroht oder ausgeliefert fühlen. Keiner sollte dem anderen überlegen sein wollen, und es gibt nichts, das verborgen bleibt, keine Manipulation und nicht die geringste Verachtung. »Ich sehe dich als Mensch, und ich schätze und unterstütze dich vollkommen, so wie du bist. Ich respektiere dich ohne Vorbehalt, bedingungslos.«

Die Himmel müssen jubeln, wenn es eine solche Beziehung auf Erden gibt, sie ist Nahrung für die Götter. Wenn Menschen dies erringen, dann können wir annehmen, dass sie sehr viel Überflüssiges aus ihrer Seele geräumt und die lähmende Wirkung von Stolz, Angst, Zorn, Eifersucht, Verdächtigungen und

Misstrauen überwunden haben. Wenn zwei oder mehr Menschen in Wahrhaftigkeit zusammen sind, dann öffnet sich etwas für sie, etwas Unsterbliches kann in ihre Gemeinsamkeit eintreten. Wenn zwei Menschen im Namen der vertrauensvollen Liebe zusammen sind, dann kann ein geistiges Wesen dazukommen und in diesen Raum einziehen.

Und hier berühren wir einen wesentlichen Gesichtspunkt der modernen Geisteswissenschaft. Wenn zwischen zwei Menschen eine Verbindung entsteht, in vollkommenem Vertrauen begründet wird, dann nähert sich ein geistiges Wesen, ein Engel. Und dieser Engel kann dann, durch den lebendigen Raum, der durch diese gute Beziehung geschaffen wird, einen himmlischen Segen in die Menschheit hineinbringen. Daraus folgt, dass eine Verbindung von solchem Rang nicht nur den Menschen zugutekommt, die diese Beziehung zueinander haben, sondern dass sie auch ein Segen ist für den sozialen Umkreis. Darüber hinausgehend, dürfen wir den Gedanken wagen, dass alle »lebenden« Wesen – die Elementarwesen, die Naturgeister und alle Himmelsbewohner – erwärmt und ernährt werden, wenn zwei Menschen in wahrem Vertrauen miteinander umgehen.

Ein Baby wird mit einem Vertrauen geboren, das wie eine Substanz ist. Dieses Vertrauen kann jedoch in den ersten Lebensjahren zerstört werden. Es braucht dann Jahre, bis das natürliche Vertrauen geheilt und wiederhergestellt ist, und es mag unter Umständen nie geheilt werden, wenn nicht ein Ereignis im Leben dieses Menschen eintritt, durch das eine »Umkehr«, ein neuer Glaube an die Menschheit, bewirkt werden kann. Das größte Geschenk, das Eltern ihren Kindern machen können, ist Grundvertrauen, und wenn ihnen das nicht gelingt, tragen die Kinder einen Schaden davon, möglicherweise für ihr ganzes Leben.

Wenn die Kindheit gut verlaufen ist und der Mensch so aufwächst, dass er eine vertrauensvolle Beziehung eingehen kann, hängt viel davon ab, ob er das Glück hat (oder ob es in seinem Schicksal liegt), den Menschen zu treffen, der dieses Vertrauen erwidern kann. Es gibt viele einsame Menschen, die nach einer vertrauensvollen Beziehung Sehnsucht haben, aber den Menschen nicht finden können, der auf dieser Ebene kompatibel wäre. Sie beginnen eine Freundschaft und stellen fest, dass sie einen Makel hat und dass sie deshalb nicht wirklich vertrauensvoll sein können. Es ist eine heikle Angelegenheit. Eine Beziehung, in der sich Vertrauen aufbauen kann, mag dadurch zustande kommen, dass man jemanden um Hilfe oder um Rat bittet. Dies ruft im Allgemeinen eine positive Reaktion hervor, vorausgesetzt, dass man nicht zu viel verlangt. Man gibt dem anderen die Chance, der Gebende zu sein, und eröffnet damit die Kommunikation, denn nun kann man erklären, woher das Bedürfnis nach Hilfe kommt. Damit hat man offen mitgeteilt, warum man nicht allein mit dem Problem fertig geworden ist. Die Dankbarkeit am Ende dieser Begegnung wird in der Seele des Gegenübers Wärme hervorrufen.

Eine solche Begegnung kann das Fundament einer Beziehung werden, und man muss sehen, ob sie sich vertiefen lässt. Zwar haben Beziehungen ihre eigene Dynamik, man kann jedoch auch an ihnen arbeiten. In der Tat sind wir selbst für die Entwicklung unserer Beziehungen verantwortlich und müssen den Kontakt durch aktives Handeln lebendig halten. Dies wird von uns in der gegenwärtigen Phase der Entwicklung mehr und mehr gefordert sein. Wir befinden uns im Zeitalter des Individualismus, und das heißt: Wir müssen in den Beziehungen, die durch gegenseitiges Vertrauen charakterisiert sind, davon ausgehen, dass jeder Mensch als Individualität gesehen und respektiert werden möchte, nicht nur als Mitglied einer bestimmten Gruppe.

Vertrauen in einer Beziehung ermutigt beide Partner dazu, sich dem Gegenüber zu öffnen. Dies ist in der Tat unerlässlich, denn ist dies nicht der Fall, wird derjenige, der immer nur zuhört, den Eindruck erwecken, ein Berater oder Interviewer zu sein. So kann die Beziehung nicht gedeihen. Ist aber auf beiden Seiten Interesse vorhanden, ist man offen und in lebendigem Austausch, dann werden beide Partner feststellen, dass sie tiefer in sich selbst hineinsehen und Gefühle offenbaren können, die sonst eher verborgen bleiben. Auf diese Weise kann man kongruent sein, das heißt, man kann genau das aussprechen, was man fühlt, ohne das Bedürfnis, etwas zurückzuhalten oder zu verdecken. Wenn Gespräche auf diese Weise offen sind, kann sehr viel Spannung, Schamgefühl und Frustration abgebaut werden.[12]

Und mehr noch. Sie schaffen Intimität und führen dadurch zu Selbsterkenntnis: »Ich lerne mich selbst kennen, indem ich zulasse, dass du mich kennenlernst.« Und Selbsterkenntnis ist der Weg zur Weisheit.

Intimität kann geistig, seelisch oder körperlich sein. Wer geistig intim ist, kann mitteilen, welche innersten Ideale oder geistigen Erlebnisse er hat, und dass die Sehnsucht in ihm lebt, die irdische Sinnenwelt zu überwinden. Der Pfad der geistigen Entwicklung ist ein einsamer, aber es ist eine besondere Gnade, auf diesem Weg einen Gefährten zu finden. Dadurch wird eine tiefe Einsamkeit überwunden, die man sonst stark erleben würde.

Intimität auf seelischer Ebene lebt zwischen Freunden, die voneinander ihre Ziele und Ängste, ihre Stärken und Schwächen kennen: Ein Mädchen im Teenager-Alter und ihre Freundin öffnen ihr Herz füreinander. Ein Mann, der sehr viel Verantwortung trägt, braucht jemanden, dem er seine Sorgen anvertrauen und vor dem er seine eigene Unsicherheit zugeben kann, bevor er

---

12 Wenn wir das Wort »kongruent« verwenden, meinen wir damit, dass man direkt ausspricht, was man fühlt, ohne das Bedürfnis, irgendetwas zurückzuhalten oder verstecken zu müssen. Wir werden im 17. Kapitel noch weiter darauf eingehen.

eine große Entscheidung fällt. Und eine Frau braucht eine Freundin, die sowohl an ihren Problemen und Enttäuschungen als auch an ihren Hoffnungen und Erwartungen Anteil nimmt. Aber diese Freunde müssen in der Lage sein, solche Dinge vertraulich zu behandeln. Nichts darf davon weitergesagt werden. Denn es ist vernichtend, wenn man jemandem etwas anvertraut und es einem später durch einen Dritten zugetragen wird.

Physische Intimität ist ein Mysterium. Unser physischer Leib trägt uns durchs Leben, er unterstützt uns in unseren Taten und er trägt unsere Sorgen und Rückschläge. Er ist ein Organismus von vollendeter Weisheit und wundervoller Komplexität. Man muss nur an die erstaunliche Struktur und Funktion des Auges denken, oder an das Ohr, oder an das Gleichgewichtsorgan. Wir können staunen, dass so ein Wunderwerk möglich ist! Mit Intimität auf körperlicher Ebene betritt man jedoch heiligen Boden. Seinen Körper zu offenbaren, kann die Würde eines Menschen zerstören, wenn es mit Aggressivität gefordert wird. Man hat eine tiefe Scheu, sich nackt zu zeigen, und dies geht im allegorischen Sinn zurück auf das Ereignis im Paradies, als Adam und Eva in den Apfel bissen, der vom Baum der Erkenntnis kam, und sich plötzlich ihrer Nacktheit vor Gott schämten. Und doch gehört Intimität des Körpers zu den Ritualen der Liebe. Aber die Bedingungen dafür müssen richtig sein. Der Einbruch von Schamgefühlen kann das Idyll besudeln, wenn die Intimität nicht durch einen hohen Grad an gegenseitigem Vertrauen hochgehalten wird.

Intimität auf jeder der drei Ebenen, der geistigen, der seelischen und der physischen, bedarf der gegenseitigen Zustimmung zwischen denen, die diese heiligen Tore durchschreiten. Die Vereinbarung muss von gegenseitigem Respekt, Takt, Zartheit und Bewusstsein getragen sein. Wird die Vereinbarung gebrochen, zerbricht die Intimität, und Sympathie verändert sich augenblicklich in Antipathie. Viele endgültige Brüche in festen Beziehungen können zu dem Augenblick zurückverfolgt werden, in dem der süße Moment der Intimität einen bitteren Beigeschmack bekam. Es hilft, wenn man die Vereinbarung, auf die sich beide Partner aus Freiheit einlassen, bewusst trifft. Intimität heilt das Elend der Einsamkeit. Und dennoch ähnelt sie dem Alleinsein, denn man teilt das miteinander, was einem ansonsten in den stillsten, innerlichsten Momenten selbst gehört. In der Intimität werden Schranken fallen gelassen, Grenzen aufgelöst, es gibt nur Offenheit und Miteinander-Sein. Das Fühlen fließt, und die Liebe schafft ein geheimnisvolles Band. In der Frau wird der Mutterinstinkt angesprochen, sie umsorgt, nährt, trägt und bewahrt die Erfahrungen in ihrem Herzen. Ein Mann dagegen begegnet seinem weniger bekannten Selbst und kann erleben, dass ein Brunnen zu sprudeln beginnt, erfüllt von zarter Bestätigung seines eigenen Wertes und dem seiner Partnerin.

Intimität kann nur mit Vertrauen existieren, auf allen Ebenen. Die Beziehung, die von Vertrauen getragen ist, erzeugt, dass man in Sicherheit wachsen kann und Achtung voreinander hat. Bitterkeit, Zorn, Angst, Furcht und Schamgefühle werden überwunden. In ihrer Wahrhaftigkeit macht sie uns frei. Sie offenbart, was das Gnadengeschenk der Ehe sein kann.

18. Sexualität – eine sehr persönliche Angelegenheit

Es ist auffallend, wie offen wir über Sexualität im Allgemeinen und über das sexuelle Verhalten von anderen sprechen, unsere eigenen sexuellen Verhaltensweisen aber als persönlich und privat betrachten. Unsere gegenwärtige westliche Kultur hat keine Skrupel, das Verhalten von Prominenten zu diskutieren und publik zu machen, aber wir alle fänden es unfair und respektlos, wenn unser eigenes Benehmen zur Diskussion stehen oder allgemein bekannt gemacht würde, selbst dann, wenn es nichts gäbe, dessen wir uns schämen müssten.

Unsere eigene Sexualität, und vor allem unsere sexuellen Organe, soll nicht jeder sehen oder kennen. Dieselbe Scheu überkam Adam und Eva, als sie plötzlich ihre physischen Körper sehen konnten, nachdem sie »gefallen« waren, durch Luzifers Verführung mit dem Apfel vom Baum der Erkenntnis. Sie fielen aus der Unschuld, aus der Natur, aus dem Paradies heraus: Sie sahen sich gegenseitig physisch, nicht mehr geistig. Deshalb bedeckten sie ihre Genitalien mit Feigenblättern. Die wilde Feige wurde in alten Ritualen verwendet, um die Reproduktionskraft und Fruchtbarkeit zu steigern. Und so können wir annehmen, dass das Feigenblatt nicht gewählt wurde, um die Nacktheit zu verdecken, sondern als Zeichen dafür, dass die Menschen, beginnend mit Adam und Eva, die Macht bekamen, sich physisch zu reproduzieren, und dass dieses nicht vom Wirken des Heiligen Geistes abhängig war.[13]

Warum diese Scheu? Vielleicht tatsächlich, weil die eigene Sexualität nur gezeigt werden kann, wenn eine Situation gegeben ist, in der man Vertrauen zu einem anderen Menschen hat, und zwar eine besondere Art von Vertrauen. »In meiner Sexualität gebe ich mich selbst!« Ein seltsames Phänomen, denn was wir geheim halten, ist ja nun wirklich kaum überraschend, noch außerordentlich oder unbekannt.

Dieses Gefühl der Zurückhaltung kommt vielleicht unbewusst daher, dass wir erstaunt und verwundert sind über die Macht, die uns anvertraut wurde, als wir das Alter der Pubertät erreichten. Die Macht, einem anderen Menschen das Leben zu geben: die Macht, den Menschen zu erschaffen. Ursprünglich wurde diese göttliche Macht von den Göttern gelenkt, dann eine Weile durch Priester, dann von den Führern der Völker und schließlich von den Familien und Sippen. Im Laufe der Zeit ist das Ausführen dieser Macht mehr und mehr von Einschränkungen und Tabus, von rassengebundenen, religiösen Gebräuchen und Sitten der Stämme befreit worden, bis in unserer Zeit in den meisten Kulturen der Welt das Recht, Nachkommen zu zeugen, allen Individuen überantwortet wurde – und das sogar ohne die moralisch notwendigen Formen wie Eheschließung oder feste Beziehungen. Sex ist eine persönliche Angelegenheit geworden, und die weit verbreitete Haltung in den westlichen Kulturen ist inzwischen, dass niemand das Recht hat, einem anderen vorzuschreiben, was er oder sie tun darf.

---

13 Siehe Bezug zu Feigenbäumen in J. G. Frazer, *The Golden Bough* (»Der Goldene Zweig«), Macmillan 1987.

All das hat seine guten Seiten. Schon in unserer Zeit kann das Individuum die moralische Freiheit anstreben: Jeder Mensch trägt einen moralischen Kern in sich. Man muss nicht mehr gehemmt sein durch eine Gesellschaft, die durch Doppelmoral geprägt ist, oder durch eine Kultur, die negativen Druck ausübt. Die Verantwortlichkeit für das sexuelle Verhalten ist jedem einzelnen Menschen übergeben worden, und es ist dem Individuum überlassen, eine persönliche Ethik für sich zu entwickeln, die mit dem übereinstimmt, was sinnvoll ist. Einschränkungen und Verlockungen, die von außen an uns herantreten, können durch einen starken inneren Standpunkt neutralisiert werden. Unsere Zeit kündet eine weitreichende Verwandlung an, und wir müssen das anerkennen. Die Menschheit ist nun in der Lage, sich zu ihrer vollen Größe erheben zu können. Der Teil in uns, der geistig ist, ist nicht mehr von uns entfernt, er ist »zur Hand«. Es liegt nun an uns, uns selber als Ursprung und Hüter unserer eigenen Moralität ernst zu nehmen.

Dieses Bild sieht vielleicht hoffnungsvoller aus, als es ist. Wir sind abhängig von unseren Gewohnheiten, instinktiven Trieben und egoistischen Gelüsten. Wir werden in erster Linie von unseren Emotionen angetrieben, und die sind nur selten durchdrungen von Anmut und Licht. Dann gibt es noch das Schamgefühl, das uns zurückhält, und die rachsüchtige Kraft der Eifersucht. Wir müssen Erfolg haben, und wir kämpfen darum, Gewinner zu sein. Die komplexe Mischung, die wir in Männern und Frauen finden, ist verantwortlich dafür, dass der Mensch für die negative Versuchung des Stolzes und des Machttriebs anfällig ist. All das muss man in Betracht ziehen. Und unsere eigene Sexualität ist mit scheinbar unerschöpflicher Macht versehen, die sowohl arrogant wie verführerisch ist. Und dies sorgt sowohl für Verwirrung wie für Aggression. Sind unsere Erwartungen, aus dieser Perspektive betrachtet, also nicht etwas naiv?

Instinkte waren lange Zeit führend. Wir sind schon lange mit aggressivem und unverschämtem Verhalten vertraut, mit dem Vorherrschen von Missbrauch und Belästigung, mit der Praxis, dass die Frau nur noch ein Sexobjekt ist. Es fällt uns kaum noch auf, dass das Überschreiten der Grenze in die Integrität eines anderen Menschen ein Akt der Gewalt ist. Aber diese Zeit wird vorübergehen, sie gehört bereits der Vergangenheit an. Das Selbst, welches geistiger Natur ist, muss seine Führung behaupten. Und dies bedeutet nicht, dass Freiheit geopfert, sondern dass sie umgesetzt wird: Indem wir auf bewusste Weise verantwortlich für unsere Handlungen werden, werden wir in unserem Wesen kongruent. Und die Welt um uns herum wird davon profitieren.

Wir brauchen eine grundlegende Lebensphilosophie, eine Weltanschauung, damit das intellektuelle Wachstum des Menschen und die Entwicklung der sozialen Verantwortung in der Balance gehalten werden. Dogmen, Prinzipien, moralische Forderungen und künstlich aufgestellte Maßstäbe werden keine Erfolge zeigen. Die jungen Menschen von heute müssen selbst dahinterkommen, was die Bedeutung des Lebens ist. Und sie müssen die Chance haben, durch das Gute, das in ihnen liegt, ihr persönliches Verhalten zu prägen. Teenager machen die Erfahrung, dass Sexualität ein Thema ist, in dem sie nur wenig Führung bekommen. Vielleicht fragen sie auch nicht oft danach, weil sie ahnen, dass nur wenige Erwachsene bezüglich dieser Themen genug innere Klarheit haben, um helfen zu können. Stattdessen ahmen sie Menschen nach, die ihnen reif erscheinen, die lebendige Wertvorstellungen und eine frohgemute Selbstdisziplin haben, durch welche sie zufrieden, mit sich im Reinen sind und Harmonie ausstrahlen.

Die Menschheit ist in eine neue Entwicklungsstufe eingetreten. Die führenden Kräfte der Gesellschaft und Religion, die von außen am Menschen gearbeitet haben, können nun durch eine innere Veranlagung ersetzt werden, die den Menschen verantwortlich handeln lässt. Dies ist eine Veranlagung, die es ermöglicht, ohne Zwang von außen aus sich heraus zu handeln, und sich selbst so auszubilden und sein Leben so zu führen, dass unsere eigenen Interessen mit denen unserer Mitmenschen harmonieren. Und diese Fähigkeit sollte sich sogar erstrecken auf die Erhaltung der Umwelt und die Bewahrung wertvoller kultureller Werte. Die Gesellschaft wird immer noch Grenzen setzen müssen und Strafen für die verhängen, die sie überschreiten, aber sie werden immer weniger relevant werden. Der moderne Mensch wird durch seine innere Freiheit in der Lage sein, äußere Verordnungen zu überwinden und aus den geistigen Werten seines wahren Selbstes heraus zu handeln. Hier haben wir eine neue »Wieder-Vereinigung« mit dem Geist, die man, im wahrsten Sinne des Wortes, Religion nennen kann.

Die Überzeugung wächst, dass in jeder Form von zwischenmenschlichen Handlungen Rücksicht auf Grenzen genommen werden muss. Wir müssen der Versuchung widerstehen, in den privaten Bereich eines anderen Menschen ohne dessen Einwilligung einzudringen. In diesem Klima wird man auch damit beginnen, die geistigen und psychologischen Folgen sexueller Aktivitäten zu erkennen. Die Veränderung wird im Individuum selber anfangen, und zwar durch ein erhöhtes Bewusstsein. Männer werden besser verstehen, was Sex für die Frau bedeutet, und nicht mehr nur durch ihr Bedürfnis nach Selbstgenuss getrieben werden. Und die Frau wird ein Einfühlungsvermögen entwickeln für die Verwundbarkeit des Mannes, die so oft das traditionelle Bild des Mannes bedroht.

Allmählich wird auch ein tieferes Verständnis für den sexuellen Akt entstehen. Zum Beispiel dafür, dass jeder Akt Lebenskräfte und geistige Energien erfordert, die, wenn sie durch

Verhütung abgeblockt werden, in der geistigen Aura der Betroffenen Aufruhr verursacht.

Zusätzlich dazu werden die Folgen von Abtreibungen bekannter werden, sodass die Abtreibung für Menschen, die diese vornehmen möchten, immer weniger akzeptabel werden wird, selbst dann, wenn der Staat und die Gesellschaft sie befürworten. Das Leiden des Fötus wird nicht länger ignoriert werden. Diese abgewiesenen Seelen betreten die Aura der Erde, und es wird eine gewaltige Sühne erfordern, um sie wiederum in die geistige Welt zu entlassen. Mutter Teresa hat oft gewarnt, dass wir nicht mit Frieden zwischen Gruppen und Nationen auf der Erde rechnen können, solange die Abtreibung weiterhin zugelassen wird. Das Bewusstsein davon wird wachsen.

Aufs Ganze gesehen wird in ernsthaften Menschen ein neues moralisches Bewusstsein für die sexuellen Aktivitäten entstehen. Und das wird trotz der Angst und den dringenden Warnungen geschehen, die etwa durch das Phänomen AIDS aufgetreten sind, obwohl wir die volle Wirkung dieser Epidemie noch gar nicht erlebt haben. Ein solcher Fortschritt, was geistige Bewusstheit betrifft, kann nicht als das Resultat von Angst und Verlust eintreten. Wenn etwas eine Wirkung haben soll, indem es unsere Haltung zum Sex verwandelt, dann muss es aus positiven Kräften in der menschlichen Psyche heraus wachsen, nicht aus einer negativen Reaktion auf die Angst vor dem Tod, sondern aus Kräften der Liebe, der Verehrung und des Gewissens.

Dieser zukünftige Seelenzustand mag für die Menschheit als Ganzes noch weit entfernt sein, aber vereinzelte Inseln, auf denen eine gesunde Lebensweise gepflegt wird, können die Zukunft vorwegnehmen und den Weg weisen.

$$***$$

Eine solche Sichtweise basiert auf der Überzeugung, dass sich das Bewusstsein des Menschen erweitert. Ursprünglich war der Mensch mehr träumerisch in seiner Wahrnehmung der physischen Welt, aber er hat sich so weit entwickelt, dass er ein umfassendes und klares Bewusstsein von seiner materiellen Umgebung hat. Die bewusste Erfahrung der geistigen Aspekte seines eigenen Wesens und seiner Umwelt hat er dabei eingebüßt. Wir meinen, dass wir alles sehen, wenn wir eine Blume oder einen Strauch ansehen, aber es ist vielmehr so, dass wir mit unseren gewöhnlichen Augen die Bildekräfte nicht wahrnehmen, welche um die Blume oder den Strauch herum sind, die lebensspendende Aura, die der Pflanze Form und Nahrung gibt. Nur ein Eingeweihter hat Augen, dies zu sehen.

Eine erneuerte geistige Wahrnehmung hat aber begonnen, sich in den heutigen Menschen zu entwickeln, und dies ist keine Rückwendung zu einem Zustand des natürlichen Hellsehens, sondern ein Voranschreiten aus individueller Freiheit heraus, um eine höhere Wahrnehmung zu erlangen. Die Betonung liegt auf der inneren Freiheit und auf der eigenen, inneren Aktivität.

Die Fähigkeit, die verborgenen Welten der Geisteskräfte wahrzunehmen, kann nur durch stetige und selbstlose Arbeit erreicht werden. Die entsprechende Seelenverfassung wird eine Frage der Evolution sein, aber das wirkliche Erlangen einer höheren Wahrnehmung erfordert gewissenhafte Hingabe an die notwendigen Übungen und Disziplinen, verbunden mit der Entwicklung von Moralität durch Ehrfurcht und klare Beobachtung. Der Weg dahin ist offen für jeden, der sich auf die Suche begeben möchte. Das Erlangen einer solchen Wahrnehmungsfähigkeit würde unseren instinktiven sexuellen Trieb durch das Bewusstsein sowohl der wahren Bedeutung der Sexualität wie auch deren Gefahren ersetzen.

Wir befinden uns allerdings noch ganz am Anfang eines langen Weges. Bis heute sind sexuelle Abirrungen noch weit verbreitet: sexueller Missbrauch an Kindern, Vergewaltigung, Prostitution, Pornographie und verschiedene Grade der Belästigung. Die nach wie vor verbreitete Existenz dieser Formen des Missbrauchs beweist einen Mangel an Selbstkontrolle und Rücksicht, und damit letzten Endes das fehlende Verständnis des menschlichen Miteinanders auf sexueller Ebene. Dies ist ein deutlicher Hinweis darauf, dass Sex etwas Geheimnisvolles ist und dessen Missbrauch eine Verlockung.

Sex hat immer mit Anfang zu tun, mit Geburt. So wie Gewalt mit dem Ende zu tun hat, mit dem Tod. Sex berührt das Neue. In Beziehungen kann man damit eine neue Ebene erreichen, was erneuernd und belebend wirkt. Der irdischen Existenz liegt eine tiefe Wahrheit zugrunde: Alles im Leben beruht auf der Dreiheit. Auch was Mann und Frau betrifft. Ich für mich allein bin unvollständig; ich bin auf der Suche danach, mich vom Einzelwesen zur Zweiheit zu bewegen, indem ich ein Gegenüber finde. Aber das ist letzten Endes nicht befriedigend oder sich selbst nicht genug. Nur wenn wir zusammen die Dreiheit erreichen, finden wir Erfüllung. Das Dritte ist nicht nur das Produkt von zweien, es ist seine eigene Einheit und Wesen, und damit kann es den Prozess vollständig machen. Die Zweiheit ist die Gegenwart, die Dreiheit trägt die Zukunft in sich.

In der Vergangenheit war das Dritte das Kind, das aus dem sexuellen Zusammensein der beiden hervorging. Heute ist dies oft weder das Ziel noch das Ergebnis. Wenn die sexuelle Handlung nur zwischen zweien stattfindet und die Dreiheit nicht erreicht wird, gibt es keine Erfüllung, abgesehen von einer momentanen Erweiterung des Bewusstseins mit seiner momentanen Beglückung. Es bleibt im Bereich der Anfänge und wird nicht zur Erfüllung: eine Vorspeise und keine Mahlzeit.

Wenn die sexuelle Aktivität die Fortpflanzung nicht anstrebt: Wie kann sie dann das dritte Element erreichen? Wodurch kann sie erfüllend werden? Zwei Menschen lieben sich, und sie haben Sehnsucht danach, sich besser zu kennen und damit ihre Beziehung zu erforschen. Es gibt den Drang, sich auf die am tiefsten mögliche Weise nah zu sein, was bedeutet, dass man sich vollständig auf eine sexuelle Beziehung einlässt. Intimität und gegenseitiges Geben sind erforderlich, die Energien dürfen fließen, es findet ein emotionales Loslassen ebenso statt wie ein wunderbares Gefühl der Entspannung. Es scheint kein Grund zu bestehen, dass dies nur innerhalb einer Ehe stattfinden sollte, ist es doch der spontane Ausdruck von Liebe in all ihrer Intensität.

Wenn diese Paare beginnen, miteinander sexuell aktiv zu sein, dann hoffen sie sehr, Freude, Entspannung und gegenseitige Bestätigung zu erleben. Man hat die Erwartung, neue Energien zu tanken, sich stärker zu fühlen und eine Vertiefung der Liebe zueinander zu spüren. Und dennoch ist das Ergebnis allzu oft Erschöpfung, Einsamkeit, ein zerbrochenes Selbstgefühl, die Angst vor den Folgen und ein baldiges Einschlafen der Beziehung. Der Pfeil hat sein Ziel verfehlt. Anstelle von stärkerer Harmonie ist ein subtiler Zorn entstanden, anstelle von Wärme und Gegenseitigkeit der Wunsch, das Vorgefallene aufzulösen, ungeschehen zu machen. Anstelle von Vergnügen ein Gefühl des Ekels.

Was ist falsch gelaufen? Sex außerhalb der Ehe wurde früher als Sünde angesehen, und die meisten Religionen verurteilen es immer noch. Das Wort Ehebruch hat Gewicht. Und dennoch akzeptieren die Sitten unserer Zeit die sexuelle Aktivität und das Zusammenleben auch ohne Ehe als Teil des Prozesses, der zur Ehe führen kann oder eben auch nicht. Die Ehe wird als überflüssiger Zwang angesehen, und die Scheidung als Teil des Ehevertrags.

Jeder junge Mensch begegnet dieser Frage: Sollte ich diesen Aspekt des Lebens nicht erforschen? Keuschheit, im Sinne von vollkommener Enthaltsamkeit von sexueller Aktivität, hat wenig Reiz. Die Scheu vor der Erfahrung ist gering. Vor einiger Zeit ergab eine umfangreiche Studie in den USA, dass unabhängig von Rasse und ethnischer Zugehörigkeit fast die Hälfte aller Teenager bereits sexuelle Beziehungen mit einem Partner hat.[14] 80 % der Befragten hatten sexuelle Erfahrungen, bevor sie zwanzig Jahre alt waren. Das klingt freizügig, aber daneben zeigt sich auch ein neuer Trend: Die Regelmäßigkeit von Sex zwischen Teenagern scheint abzunehmen. Das mag mit der Angst vor AIDS zu tun haben, könnte aber auch ein Zeichen dafür sein, dass Sex unter Jugendlichen keine »große Sache« mehr ist.

***

Es ist eine sehr private Angelegenheit. Aber es sind mindestens zwei Personen daran beteiligt, möglicherweise auch ein Kind, das geboren wird, und manchmal weitere Menschen. Man sagt, wenn zwei Menschen verliebt sind, dann ist es ihre freie Entscheidung, wie sie diese Liebe ausdrücken wollen. Noch extremer ist der Standpunkt: Alles ist erlaubt, man darf sich nur nicht dabei erwischen lassen. Aber die Verdammung von vorehelichem Sex ist in vielen Religionen sehr streng, obwohl ihre Verteidiger oft nicht in der Lage sind, Gründe anzugeben. Sie verlassen sich dabei auf Stellen in ihren heiligen Schriften.

Vielleicht gilt in unserer Zeit ein neues Verständnis von Keuschheit. Totale Abstinenz von sexueller Aktivität kann man nicht erwarten, aber man sollte sich auch nicht ohne angemesse-

---

14 Michael, Gagnon, Laumann und Kolata, *Sexwende. Liebe in den 90ern – Der Report.* Knaur, München 1994.

nen Respekt vor dem Partner und vor der Sache selbst hineinbegeben. Experimentieren um seiner selbst willen und willkürliches sexuelles Verhalten wären demnach nicht zulässig. Aber ein echter und gegenseitiger Wunsch nach Nähe, in Treue und Zärtlichkeit, könnte diesen neuen Ansatz für Keuschheit unterstützen.

Die oben erwähnte Studie weist auf einen interessanten Unterschied hin, was die Motivation von Männern und Frauen betrifft, die ein sexuelles Verhältnis zum ersten Mal ausprobieren. Bei den Männern waren es 90 %, die Sex wollten; weniger als 8 % »ließen es über sich ergehen«. Ungefähr die Hälfte war von Neugier getrieben, ein Viertel tat es aus Zuneigung; nur wenige konnten behaupten, dass sie in den ersten Partner verliebt gewesen wären. Bei den Frauen wollten es 70 %, 24 % »ließen es über sich ergehen«, 4 % wurden gezwungen. Nur ein Viertel war durch Neugier angetrieben, aber die Hälfte empfand echte Zuneigung für ihren Partner. Eine lakonische Bemerkung sagt viel: »So gut wie keine Frau gab an, dass sie Sex wollte oder über sich ergehen ließ, weil sie auf körperlichen Genuss aus war.«

Es ist angebracht, die geistigen Aspekte näher zu betrachten. Sexuelle Energie ist biologisch bedingt, von Emotionen angetrieben, dennoch dient sie der höchsten Macht, die den Menschen anvertraut wurde: menschliches Leben zu erschaffen. Es ist eine göttliche Macht, und sie wurde uns gegeben, um sie in Harmonie mit den Zielen der Menschheit einzusetzen. Sexuelle Energie macht es Seelen möglich, sich zu inkarnieren. Wenn man die äußere Tat ausführt, aber die Erfüllung verhindert, dann besteht die Gefahr, dass man die heiligste Fähigkeit auf die Ebene des Instinktiven und Emotionalen herabzieht, und das ist in der Tat sehr weit entfernt von den edlen Motiven, die dahinterstehen. Daher auch das seltsame Gefühl der Unwürdigkeit, das unmittelbar danach einsetzen kann; ein Gefühl des Beschmutzt-Seins, der Verlegenheit, ein seltsames Verlangen, »ganz weit weg« zu sein. Das Gewissen spricht: »Du hast den heiligsten Bereich der menschlichen Existenz ohne Ehrfurcht betreten.« Was eine sich entwickelnde Liebesbeziehung war, kommt plötzlich ins Stocken. Sex ist eben etwas ganz anderes als Liebe.

Hierin liegt das entscheidende Faktum: Liebe und Sex kann man nicht gleichsetzen. In Bezug auf Selbstlosigkeit sind sie Gegensätze. Liebe ist selbstlos, sexuelle Energie ohne Liebe bezieht sich auf sich selbst; das Ziel ist ein besonderes Erlebnis, das man für sich selber haben will.

Eine Leitlinie für angemessenes Verhalten könnte sein: »Tu nur das, wonach du hinterher ein gutes Gefühl hast.« Oder: »Tu nur das, wodurch die Liebe in Selbstlosigkeit und um des Gebens willen wachsen kann.«

Wie wir jedoch gesehen haben, kann Sex mehr sein als »Sex«, und der selbstsüchtige Aspekt kann durch die Macht der Liebe verwandelt werden. Darüber hinaus – und obwohl der männliche Anteil sogar brutal selbstsüchtig sein kann – ist der weibliche Anteil von Natur aus hingebend. Und dennoch ist für eine Frau, die vorehelichen Sex hat, dieser gewöhnlich durch eine Reihe von verschiedenen Motiven angeregt, die alle eine selbstbezogene Komponente haben. Vielleicht fürchtet sie, dass die Beziehung zu Ende ist, wenn sie ablehnt. Sie hofft vielleicht auch, dass ihre Zustimmung den Mann zur Eheschließung bringt. Ein weiteres Ergebnis kann sein, dass die Frau besitzergreifender wird und der Mann weniger interessiert. Wenn das passiert, ist es mit der Romantik schlagartig vorbei.

Vorehelicher Sex findet oft in Momenten statt, in denen das Bewusstsein abgedämpft ist, zum Beispiel unter Einfluss von Alkohol. Die Ernüchterung, die darauf folgt, kann gespenstisch sein, vor allem, wenn beide nicht wirklich ernste Absichten haben. Vorehelicher Sex bringt von Anfang an seine eigene Dynamik mit sich. Komplikationen sind allerdings vorprogrammiert, denn es ist unklar, wie man wirklich zueinander steht. Ist die Entwicklung einer liebevollen Verbindung zwischen den Partnern das Ziel? Oder möchte man sich besser kennenlernen? Oder möchte man den widerstrebenden Partner dazu verpflichten, sich fester zu binden? Oder möchte man Barrieren von Scheu und Zurückhaltung abbauen? Am Anfang mag all dies zutreffen, aber sobald der Sex nur um seiner selbst willen stattfindet, sind alle diese Ziele vergessen.

Wie sieht ein Mann eine Frau an, die dafür bekannt ist, dass sie mit vielen Männern schläft? Würde er sie als mögliche Ehepartnerin abweisen, obwohl er eine ähnliche Vergangenheit hat? Man wird natürlich offener und akzeptiert vieles. Eine Frau, die sich ungeliebt fühlt, die unsicher ist und fürchtet, nicht gut genug zu sein, ergreift vielleicht die Chance für eine sexuelle Begegnung in der Hoffnung, ihr Selbstbild als potenzielle Ehepartnerin aufzubessern. Wenn eine Frau verliebt ist, dann ist sie aus diesem Grund offener für vorehelichen Sex; wenn der Mann verliebt ist, kann seine Neigung in dieser Richtung eher abnehmen.

***

Die Kunst des Liebens erfordert wie jede Kunst Arbeit und Übung, um sich zu entwickeln. Was früher die Zeit der Werbung und Verlobung war, hat heute kaum noch feste Formen. Die ehemalige Abfolge von Werbung, Eheschließung und Beginn einer Familie findet oft umgekehrt statt: zuerst das Kind, dann vielleicht Eheschließung, und erst danach das gegenseitige Aufeinander-Einstellen und Kennenlernen. Wenn das Baby aufgrund von vorehelichem Sex in die Welt kommt, hat die Beziehung zwischen den Eltern einen schweren Start. Manchmal bricht sie sogar vollkommen auseinander, und die Mutter bleibt alleinerziehend zurück. Aber selbst wenn man heiratet, kann es sein, dass die Beziehung durch Zorn belastet ist, es sei denn, die Probleme werden mit Hilfe von Beratung und in Offenheit aufgearbeitet.

Der Zorn – in den meisten Fällen mit Schuldzuweisungen verbunden – basiert vonseiten der Mutter und oft auch des Vaters auf dem Gefühl: »Du hast mich in diese Situation gebracht!« Beide müssen plötzlich ihren Lebensstil anpassen und vielleicht ihre Berufspläne ändern, und für die Frau beginnt verfrüht die Mutterschaft. Heiratet das Paar nicht, dann hat sie eine besonders schwere Aufgabe. Sie muss versuchen, sowohl Mutter wie Vater zu sein, und sie weiß, dass ihr Kind immer benachteiligt sein wird, weil es keinen Vater hat, der anwesend ist. Ihre beruflichen Pläne oder ihre Ausbildung werden wahrscheinlich mindestens für einige Jahre unterbrochen sein, und so muss sie mit finanzieller Bedrängnis, Einsamkeit und möglicherweise einem Mangel an emotionaler Unterstützung fertig werden. Und da sie schon ein Kind hat, verringert dies ihre Chance, einen Ehepartner zu finden.

Wie wir schon zu Beginn dieses Kapitels ausgeführt haben: An Bewusstsein und Verantwortung fehlt es nicht, sie sind eine Tatsache. Die oben erwähnte Umfrage zeigt, dass junge Menschen heute mehr über diese Dinge nachdenken, als man annehmen mag. Diejenigen unter ihnen, die dafür sind, abzuwarten und die Dinge sich entwickeln zu lassen, sind die schweigende Mehrheit. Liebe ist nur in Freiheit möglich, und Sex ist nur erfüllend, wenn er aus Freiheit heraus stattfindet und nicht durch unbewusste Triebe gelenkt wird. Wahre Freiheit entsteht, wenn man gegenüber dem anderen eine innere Verpflichtung fühlt, denn wir sind nur dann wirklich frei, wenn unsere Lebensgrundlage gesichert ist. Aber wir leben in einem Zeitalter der Freiheit, und deshalb müssen unsere Entscheidungen hinsichtlich eines moralischen Verhaltens unsere eigenen sein: eigenständig und aus individueller Überzeugung heraus. Es muss einen tieferen Grund geben, vorehelichen Sex zu meiden, als den Respekt vor überholten Tabus und lange bestehenden Verboten. Unsere Motivation muss aus unserem eigenen Bewusstsein entspringen.

Was uns veranlasst, Sex haben zu wollen, diskutieren wir so gut wie nie mit einem anderen Menschen, am wenigsten mit dem Partner, den wir gerade haben. Es wäre nicht gerade romantisch, unsere Sehnsüchte auf dem Seziertisch auszubreiten, um dann die einzelnen Bestandteile und die »faszinierende Dynamik« zu erforschen, die in einem überwältigenden Bedürfnis gipfelt. Deshalb ist es wichtig, dass wir uns vorher darüber Gedanken machen: Gedanken, die unsere Emotionen durchdringen und das ewige Selbst zum Aufleuchten bringen, das unseren Idealen, unseren Werten und unserem Verständnis vom Leben Nahrung gibt.

Sexualität ergreift die Lebenskräfte, und wir müssen uns der Frage stellen: »Gehören sie uns? Können wir sie so verwenden, wie es uns gefällt?« Vor diesem Hintergrund können wir das Phänomen der Liebe, des Zusammenseins, der gegenseitigen Achtung und anderer Aspekte des In-Beziehung-Seins erforschen, so wie wir es schon früher in diesem Buch begonnen haben.

All das wird uns auf die entscheidenden Fragen vorbereiten, die mit dem eigentlichen Aufbau einer Beziehung zu tun haben. Wollen wir wirklich die Intimität von Sex? Ist unsere Freundschaft stark genug, das Überschreiten eines Rubikons zu ertragen, den der »Vollzug« des sexuellen Zusammenseins mit sich bringt? Wie wird es sich hinterher anfühlen: Werden wir darüber froh sein, oder werden wir es bedauern? Wie stehen wir zueinander? Was sind unsere wirklichen Motive?

Solche Fragen führen uns zum Mysterium von Sex als solchem. Und was das Seelische und das Fühlen angeht, weisen sie hin auf die Unterschiede zwischen Mann und Frau. Aber sie führen uns auch unausweichlich in unsere eigene Situation.

***

Vielleicht scheint es lächerlich, so zu denken. Müssen wir schon wieder diesem schrecklichen Dogma ins Auge sehen, dass Liebe und Sex sehr wenig miteinander zu tun haben und mit Sicherheit nicht gleichgesetzt werden können? Wo ist die Freude, das Vergnügen, wenn wir uns dauernd diese Fragen stellen müssen? Wir stehen am Anfang des einundzwanzigsten Jahrhunderts, des neuen Jahrtausends. Wir kennen unsere Freiheiten und unsere Rechte, und wir wissen, was wir tun!

Dieses Kapitel ist nicht *gegen* irgendetwas gerichtet, sondern spricht *für* etwas, nämlich für die Wahrheit: Nur die Wahrheit kann uns die Freiheit geben, die wir suchen. Es geht uns um eine Vertiefung der Beziehung und um ein Ernstnehmen des anderen Menschen. Wenn wir das haben, dann wird der rein sexuelle Aspekt nur Teil einer umfassenderen Dynamik sein, welche die Liebe unterstützen wird, die das Paar verbindet. Dies kann dazu führen, dass eine Bindung entsteht, aber nicht Abhängigkeit. Romantik inbegriffen, die gesund ist und ihre eigene Weisheit mit sich bringt. Viel Gutes liegt darin, sowohl in der Art, wie sich alles entfaltet, wie in der letztendlichen Erfüllung. All dies bringt uns ins Zentrum der Sache und vertieft unser Verständnis des menschlichen Wesens.

Gibt es irgendein anderes Erlebnis, das mit dem Orgasmus vergleichbar wäre? Vielleicht ist die religiöse Ekstase in gewisser Weise ähnlich, aber was Intensität und Dynamik betrifft, ist der Orgasmus eine einmalige menschliche Erfahrung. Wir können das, was darauf hinführt, und die Umstände, in denen er stattfindet, infrage stellen, bewerten und beurteilen, aber das eigentliche Erlebnis ist »überirdisch«. So flüchtig, wie es ist, rührt es doch an das Ewige: Es ist konzentrierte Gegenwart und hebt das Vorher und Nachher über sich hinaus. Wir können dadurch die Qualität der ewigen Gegenwart erfahren. Für einen kleinen Augenblick verschmelzen Körper, Seele und Geist gemeinsam mit dem ganzen Wesen unseres Partners. Es ist eine Feier des spontanen Gebens und Empfangens und bringt eine Explosion neuer Gefühle mit sich.

Im Idealfall. Denn: Waren wir ausreichend vorbereitet, um dies zusammen zu erleben? Haben wir realisiert, welche Höhen und Tiefen sich für uns eröffnen würden? Können wir zu unserer getrennten Alltagsexistenz zurückkehren und einfach so weitermachen wie vorher? Wie können wir einander mitteilen, was wir erlebt haben, wenn wir keine Worte dafür haben, keine Sprache und keine Begriffe, die dem neu betretenen Raum gerecht werden? Oder war alles für dich verdorben dadurch, wie ich mich verhalten habe? Soll ich zugeben, dass es quälend für mich war, weil du nicht wirklich bei mir warst? Müssten wir nicht erst unsere Freundschaft entwickeln, bevor wir so weit sind, Gefährten von Seele, Körper und Geist zu sein? Ist ohne das unser Zusammensein tragkräftig? Könnte es ohne das wahre Intimität zwischen uns geben? Oder heißt dies, dass unsere Liebe noch nicht reif ist?

Um Sex zu genießen, muss man ein großes Herz haben. Was natürlich, leicht und unkompliziert zu sein scheint, ist so viel mehr als das. Es ereignet sich immer auf der physischen, emotionalen und geistigen Ebene zugleich, und es nimmt alle drei Aspekte unseres Wesens in Anspruch. Wenn uns nur einer oder zwei der drei Aspekte bewusst sind, fehlt etwas an der Erfüllung. Wie jeder Bereich an Erfahrung, hat auch dieser seine Forderungen, und wenn wir uns ihnen stellen, werden wir belohnt. Tun wir dies nicht, müssen wir mit den Konsequenzen fertig werden. Bewusstsein, Integrität und Entdeckerfreude sind gefragt.

***

Sexuelle Aktivität ist wichtig und in gleichem Maße frei. Diese Einstellung ist Allgemeingut geworden, seitdem die Sechziger Jahre des Zwanzigsten Jahrhunderts in der westlichen Gesellschaft die sexuelle Revolution in Gang setzten. Wer Filme ansieht und Zeitschriften liest, absorbiert erotische Szenen und Geschichten, die uns davon überzeugen sollen, dass wir verpassen, was »die meisten« anderen »genießen«. Sex ist angeblich ohne Einschränkung zu haben, gleichermaßen sicher vor ungewollter Schwangerschaft wie vom Risiko durch AIDS. Und die Gesellschaft hat kein Problem damit. Niemand, der lebensfroh, gesund und voller Energie ist, hält sich zurück.

Frühere gründliche Umfragen haben diese Idee gefördert oder unterstützt, aber ihre Methoden, Material zu sammeln und zu analysieren, haben sich als irreführend erwiesen. Die neuere Forschung hat dagegen bewiesen, dass die aktuelle Situation in keiner Weise frei ist. Die Gesellschaft als Ganzes (wenn wir an alle Bewohner eines Landes denken) hat wenig Einfluss auf das allgemeine Verhalten, aber Untergruppen innerhalb der Gesellschaft üben einen mächtigen Einfluss in alle Richtungen aus, und so auch auf die sexuellen Aktivitäten ihrer Anhänger. Diese Untergruppen sind unklar definiert, obwohl es im Grunde genommen homogene Gruppen von Menschen sind, die bestimmte Kennzeichen gemeinsam haben und dennoch einen entscheidenden Einfluss auf ihre Mitglieder ausüben. Obwohl wir uns ja tatsächlich in einer Zeit befinden, in der die Menschen nach wahrhafter Individualität streben, ist dieser Prozess weit davon entfernt, abgeschlossen zu sein. Viele Menschen erleben eine Sehnsucht danach, Autonomie zu erlangen und vollkommen authentische Personen zu werden, ohne sich dessen bewusst zu werden, wie erstaunlich hemmend sich die Gruppierungen, denen sie sich zugehörig fühlen, auf sie und ihr Verhalten auswirken.

Wir haben die Tendenz, uns Menschen anzuschließen, mit denen uns Gemeinsamkeiten verbinden. Menschen, die dieselbe Sprache sprechen, derselben Kultur angehören, dieselbe Erziehung und denselben religiösen Hintergrund aufweisen. Wir suchen uns Menschen aus, die so alt sind wie wir, dieselben Ideale haben wie wir und die aus derselben sozialen Schicht kommen und dasselbe Wertesystem haben. Wir finden Freunde unter »unseresgleichen«, und mit ihnen werden sich höchstwahrscheinlich auch sexuelle Beziehungen entwickeln. Menschen, die mit leichtfertigen Beziehungen außerhalb dieser Kreise experimentieren oder sich von den Menschen, die ihnen vertraut sind, entfernen, sind ein relativ kleiner Anteil.

Kurz gesagt: Einen ähnlichen Hintergrund zu haben, spielt bei Beziehungen eine Rolle. Rasse, Volkszugehörigkeit, Bildung, Religion, Alter. Sexuelle Anziehung allein reicht nicht aus, um eine Partnerschaft zu entwickeln. Es ist ganz natürlich, dass wir uns jemanden wünschen, der einen ähnlichen Lebensstil hat, und deshalb ist der Menschenkreis, aus dem wir unsere Auswahl treffen, reichlich begrenzt. Eine solche Nähe hilft sogar auch in kurzfristigen Beziehungen, und Ehen, die diesen Vorteil haben, halten bekanntlich länger und sind weniger anfällig für Stress. Die Umfrage (die hauptsächlich in den Vereinigten Staaten, aber auch in England, Frankreich und Finnland durchgeführt wurde) zeigt, dass eine überwältigende Mehrheit von Männern und Frauen über einen langen Zeitraum nur einen sexuellen Partner hat. Die moderne Idee: »Solange wir keine sexuelle Beziehung haben, kenne ich dich nicht wirklich« trifft eigentlich nicht zu. Es geht mehr um die Frage: »Warum sollte ich es wagen, dich im sexuellen Bereich kennenzulernen, bevor ich weiß, wer du wirklich bist und was wir gemeinsam haben?«

Es handelt sich also um einen Widerspruch. Wir sind stolz auf unseren robusten Individualismus und unsere großzügige Auswahl an sexuellen Partnerschaften, nur ist unsere Suche durch unsere bisherigen Lebensmuster geprägt. Wir tendieren dazu, uns auf das festzulegen, was uns vertraut ist. Wir mögen Menschen, die so sind wie wir. Wir sind von dem beeinflusst, was andere über uns denken. Wir sind soziale Wesen, wir gehören zu unserer Gruppe und folgen ihren subtilen Regeln, und dies prägt unser Verhalten in hohem Maße, einschließlich der Partner, die wir finden. Ihre Richtlinien sagen uns sogar, wie oft und auf welche Weise wir Sex haben sollten, welche Risiken wir in Bezug auf AIDS ernst nehmen müssen und was wir von unserem Partner in Bezug auf die Ausschließlichkeit der Beziehung zu erwarten haben.

Das Ergebnis ist, dass es viel weniger sexuelle Aktivität gibt, als man annehmen möchte. Und die Auswahl an sexuellen Partnern ist viel begrenzter, als man sich das im Allgemeinen vorstellt. Es gibt in der Tat viele Menschen, die es sehr schwer damit haben, eine befriedigende Beziehung zu haben, in der auch Sexualität zur Geltung kommt. Je individueller wir werden, umso mehr wünschen wir uns, dass unser Partner unsere Interessen teilt. Wir sind zunehmend davon abhängig, einen Partner zu finden, der uns zustimmt: »Wo sollen wir essen gehen? Welche Musik hören wir?« Je mehr wir anstreben, wir selbst zu sein, umso entscheidender ist es, dass unser Freund unser Eigen-Sein nicht untergräbt, indem er eine ganz andere Umgebung oder das Befolgen anderer Sitten fordert. Es ist nicht einfach, aufeinander abgestimmt zu sein, während unser zerbrechliches Ego gleichzeitig auf dem Weg zur Unabhängigkeit und zum Ausdruck seiner selbst ist. Gerade weil wir individuell sind, brauchen wir diese Unterstützung, bis wir geistig und menschlich stark genug sind. Und aus diesem Grund suchen wir ständig Zustimmung, sowohl von unseren Freunden wie von unseren Partnern.

Sobald die Menschen in der Lage sein werden, sich selbst als Mensch und geistiges Wesen zu erkennen, wird es einfacher werden, Freundschaften mit anderen zu schließen, die sich von uns stark unterscheiden. Aber das liegt noch in weiter Zukunft. Zu dem Zeitpunkt wird eine neue soziale Ordnung entstanden und die Menschheit wird eine Bruderschaft moralisch selbstständiger Menschen sein. Bis diese Entwicklung erreicht ist, sind wir weiterhin auf die Bestätigung unseres individuellen Wertes durch Menschen angewiesen, mit denen wir uns natürlich verbunden fühlen.

Diese neue Zeit wird auch eine Veränderung in unseren Instinkten mit sich bringen. Sobald wir uns zu rundherum geistigen Wesen entwickelt haben werden, wird die sexuelle Seite unserer Natur als die treibende Kraft abnehmen. Die Macht des Fühlens wird die bloße Energie unserer Emotionen ersetzen, und die Sexualität wird nicht mehr so wichtig sein wie heute. In noch weiterer Zukunft wird sich auch der ganze Prozess der Fortpflanzung verändern: Er wird aus dem Kehlkopf und aus der schöpferischen Macht des Wortes hervorgehen. All das geht über die gegenwärtige Studie hinaus, heute geht es uns vor allem um Gemeinsamkeit. Aber wenn wir aus unserem wahren Selbst heraus handeln, sollten wir wissen, dass wir gleichzeitig helfen, die nächsten Ziele der menschlichen Evolution zu erreichen.

Die Befragung, die wir zitiert haben, gibt einen interessanten allgemeinen Hintergrund. Obwohl die meisten Menschen ihre Partner innerhalb ihrer Untergruppe oder in ihrem Menschenkreis finden, sind doch die Kriterien, einen passenden Partner zu finden, in allen Gruppen ähnlich, unabhängig von ihren Unterschieden. Muster wiederholen sich in allen Bevölkerungsschichten.

Die romantischen Ideale von Intelligenz, Charme, Sanftmut, Schönheit und Reichtum kommen üblicherweise nicht als Gesamtpaket. Das wirkliche Leben bringt selten die Liebe auf den ersten Blick mit einem verführerischen Fremden, woraus eine lange, glückliche Ehe hervorgeht. Und die Begegnung auf dem Ozeandampfer verliert nach einiger Zeit den Boden unter den Füßen. Einen Partner zu finden, gleicht der Situation, auf den Markt zu gehen und Käufer und Verkäufer gleichzeitig zu sein: Die Auswahl ist begrenzt. Ich muss den einen Menschen finden, den ich mag und der mich auch mag, und in unserer allgemeinen Vorstellung vom Leben müssen wir ähnlich sein. In einer Partnerschaft kommt es darauf an, dass man Dinge gemeinsam macht, und das zu jeder Zeit. Ehe heißt, dass man an allem teilnimmt, von beiden Seiten. Die meisten Paare treffen sich auf recht konventionelle Weise innerhalb der Kreise, in denen sie verkehren. Wenn es in diesem Kreis keinen Partner gibt, dann liegt vielleicht ein einsamer Weg vor einem. Es gibt dafür keine Zauberformel. Aber es gibt das Schicksal, und die Kreise, denen wir angehören, sind Teil unseres Schicksals.

***

Die Umfrage enthüllt auch andere Trends. Die Zahl der Männer und Frauen, die bei ihrer Eheschließung noch keinen Sex hatten, ist im Zunehmen begriffen: Vor vierzig Jahren war der Anteil hoch, dann ging er drastisch nach unten, und jetzt steigt er wieder an. Zusammenleben vor der Ehe war vor vierzig Jahren selten, während es jetzt ganz normal ist. In der Auswertung der Umfrage heißt es:

Wie auch in anderen Untersuchungen, zeigt sich, dass es eine deutliche Verschiebung zugunsten eines Zusammenleben anstelle von Eheschließung gibt. Da es nun mehr Paare gibt, die zusammenleben, sind die Unterschiede inzwischen verschwommener geworden: Man hat entweder einen festen sexuellen Partner, oder einen sexuellen Partner, mit dem man zusammenlebt, oder man ist verheiratet. Dieser Wandel vollzog sich gleichzeitig mit dem ersten Aufkommen einer sexuellen Revolution. Unsere Studie zeigt, dass Menschen, die vor 1970 volljährig wurden, fast immer heirateten, ohne vorher zusammengelebt zu haben, bei den Jüngeren war dies selten der Fall. Weiter zeigte sich, dass das Durchschnittsalter, in dem Menschen – verheiratet oder nicht – mit dem Partner zusammenziehen, nahezu konstant geblieben ist, nämlich zweiundzwanzig Jahre bei Männern und zwanzig bei Frauen. Der Unterschied ist, dass die erste Verbindung heute zunehmend die unverheiratete Lebensgemeinschaft ist.

Bis zum Alter von dreißig Jahren sind drei Viertel aller Amerikaner entweder verheiratet, oder sie leben mit jemandem zusammen, was bedeutet, dass sie Sex innerhalb einer Partnerschaft haben und nicht mit zufälligen Partnern. Regelmäßiger Sex dagegen nimmt um dieses Alter herum ab.

Ein weiterer Faktor, der zur Abnahme der regelmäßigen Sexualität beiträgt, ergibt sich durch die Anzahl an Frauen, die im mittleren Alter aufgrund eines Beziehungsendes in keiner Partnerschaft mehr leben. Männer in dieser Situation scheinen neue Partnerinnen zu finden, die Frauen dagegen sind im Nachteil und finden nur selten eine neue Partnerschaft. Das liegt nicht daran, dass diese Frauen das Interesse verlieren würden, oder dass die Hormone daran schuld wären: Es ist vielmehr ein Mangel an Gelegenheit. Sie werden sich auch nur ungern auf gelegentlichen Sex einlassen, ohne dass Zuneigung oder ein ernsthaftes Interesse aneinander als Grundlage gegeben wären.

∗∗∗

Ein befriedigendes Sexualleben und ein glückliches Leben gehen gewöhnlich Hand in Hand. Manche mögen davon überzeugt sein, dass die Qualität der Sexualität die Grundlage für das Glück ist, aber die meisten würden zustimmen, dass es in Wahrheit andersherum ist. Die Sexualität spielt zwar eine Rolle, aber der ganze Mensch gewinnt Bedeutung und Befriedigung dadurch, er selbst zu werden, und nicht daraus, dass er sich der Triebkraft der Libido hingibt. Sowohl für den Mann wie für die Frau ist das Erlangen geistiger Ziele die Grundlage für ein mit Sinn erfülltes Leben, in dem man mit den Alltagsproblemen fertig wird und die Krisenpunkte des Schicksals bewältigt. Ein solches Leben kann die Partner auch befähigen, das Gute in Mensch und Natur zu sehen und neue Ideen freudig aufnehmen. Wir sind aufgerufen, die Meisterschaft zu erwerben, frei, authentisch, voller Elan zu sein – befähigt, unseren Herausforderungen mit Mut und einem tiefen Vertrauen in unser Potenzial zu begegnen. Und unsere Sexualität ist eine dieser Herausforderungen: Sie kann zu unserem Wohlbefinden beitragen oder Verwirrung stiften, je nachdem, ob wir sie meistern oder nicht.

19. Schöpfungsakt oder Vergnügen?

Die Sexualität wirft ohne Zweifel viele Fragen auf. Welche Aufgabe hat sie? Die Antwort ist eindeutig: neues Leben zu schaffen. Ein Mann und eine Frau verbinden ihre Lebenskräfte und setzen ein Kind in die Welt. Dieses Kind bleibt ihre gemeinsame Verantwortung bis zum Erwachsenenalter, und auch danach ist die Bindung an die Familie weiterhin von Bedeutung. Wir alle haben unser Leben durch die sexuellen Taten unserer Eltern erhalten. Dem Sex verdanken wir, dass es Menschen auf der Erde gibt.

Aber die Sexualität hat noch einen anderen Aspekt: Der Akt des sexuellen Zusammenseins kann die Beziehung verjüngen, erfrischen und vertiefen und bei Mann und Frau neue Kräfte freisetzen. Es kann ein Akt der Liebe sein, ein Ausdruck der Offenheit und eine Bekräftigung, dass man zueinander gehört. Freude und Entspannung stellen sich ein, Zorn und Angst können in Harmonie verwandelt werden. Und die Seele wird offen für höhere geistige Ideale und Erkenntnisse. Aber alles, was so positiv und wohltuend ist, kann auch in etwas Negatives, Unerfreuliches und Zerstörerisches verkehrt werden, wenn bestimmte Bedingungen nicht eingehalten werden. Gegenseitige Offenheit und Wärme müssen gegeben sein, ein Feingefühl dafür, in welcher Verfassung der Andere ist, ein Bewusstsein von den Kräften, die beteiligt sind. Es muss Übereinstimmung geben. Je mehr diese Übereinstimmung in Worte gefasst, und je weniger sie wortlos vorausgesetzt wird, umso geringer ist die Wahrscheinlichkeit, dass es Enttäuschung und Verletzungen gibt. Dies klingt vielleicht sehr rational und wie eine Ablehnung von Romantik, aber weder leben wir immer noch in einer von Männern dominierten Welt, noch ist es angebracht, Sexualität dazu zu benutzen, primitive Instinkte auszuleben. In unserem Zeitalter des individuellen Bewusstseins wäre ein solches Benehmen rückschrittlich.

Schöpfung oder Vergnügen: Haben wir es hier mit zwei Seiten derselben Sache zu tun? Es sind zwei Seiten der Sexualität, aber wie gehören sie zusammen? Die Antwort ist, dass sie sich tatsächlich voneinander entfernt haben. Aufgrund der mittlerweile vollkommen selbstverständlichen Möglichkeit der Verhütung hat sich der Aspekt der Sexualität, der zum Vergnügen stattfindet, in großem Maße vom schöpferischen Aspekt der Zeugung entfernt. Die Pille wurde erfunden und hat die Frauen von der Angst vor der Schwangerschaft befreit. Und die Konsequenzen, die für Frauen folgten, wenn sie schwanger wurden, ohne verheiratet zu sein, sind durch die Haltung der Gesellschaft auch schwächer geworden. Eine beträchtliche Anzahl von Menschen beurteilt Sex außerhalb der Ehe nicht mehr als ungewöhnlich oder verwerflich. Noch vor zwei Generationen trug jemand, der außerehelich geboren wurde, das Stigma des unehelichen Kindes und wurde ausgestoßen. Inzwischen ist das in vielen Kulturen akzeptiert, und das Wort wird nicht mehr verwendet: Der »Bankert« oder »Bastard« ist zum »Kind der Liebe« geworden.

Die offenere Haltung gegenüber Sex ist ein gewaltiges Phänomen und gehört zu den Herausforderungen unserer Zeit. In vergangenen Zeiten war die Sexualität von den Priestern geleitet. Dazu gehörten heilige Rituale, die deutlich machten, dass Spiritualität und Sexualität nicht als Gegensätze gesehen wurden, sondern vielmehr Teil eines Ganzen waren. Nach und nach hat sich die Ausübung der Sexualität immer mehr von Einschränkungen, Tabus und sogar von sozialen Sitten emanzipiert, mit dem Resultat, dass heute jeder Mensch seinen Wünschen entsprechend Sex haben kann. Da dies heute ein so weit verbreitetes Phänomen ist, ist es besser, es als solches anzuerkennen, als es auf der Basis dessen zu verdammen, was in der Vergangenheit akzeptiert war. Sexualität als Schöpfungsakt und Sexualität zum Vergnügen – beides hat seinen Platz im normalen Leben der meisten Männer und Frauen.

Sollten wir anstreben, diese beiden Aspekte wieder zu vereinen? Sollten wir verstehen und unterstützen, was innerhalb verschiedener religiöser Gruppen immer noch eine moralische Vorschrift ist? Die katholische Kirche verurteilt jeden künstlichen Eingriff, der die Empfängnis verhüten würde, und betrachtet Sex außerhalb der Ehe als Sünde. Solche Lehren, die auf tiefen Wahrheiten basierten, haben die Menschheit durch die Jahrhunderte geführt; damals waren sie notwendig. Damit wurde Sex ausschließlich als Schöpfungsakt vollzogen, außer wenn die Empfängnis dadurch vermieden wurde, dass Sex auf die Tage im Zyklus der Frau beschränkt wurde, an denen eine Empfängnis nicht möglich war. Der westliche Mensch ist weit davon entfernt, diese Methode zu übernehmen. Der moderne Individualismus lehnt Rezepte und Vorschriften ab. Heute übernimmt das Individuum die Verantwortung. Es ist jedem Einzelnen überlassen, eine Lösung zu finden, die ihm bewusst und intuitiv richtig erscheint – und diese dann mit Charakterstärke zu vertreten.

Es ist sinnlos, darüber zu diskutieren, ob Verhütung richtig oder falsch ist. Aber wir können uns von dem Stand, den wir jetzt erreicht haben, zu einer neuen Ethik weiterentwickeln, die jede sexuelle Aktivität umfasst, im Besonderen aber den Sex, der zum Vergnügen stattfindet. Erinnern wir uns zuerst daran, was schiefgehen kann:

- Mangel an Gegenseitigkeit, weil ein Partner dominiert.
- Mangel an liebevollem Umgang miteinander: Der Mann sollte zum Beispiel realisieren, wie empfindlich und leicht physisch verletzbar die Frau im sexuellen Bereich ist, und deshalb warten, bis die Frau bereit ist. Die Frau andererseits kann den Stolz des Mannes verletzen, wenn sie sich im Fall des sexuellen Versagens über ihn lustig macht.
- Der Mann zieht sich nach dem Höhepunkt zurück, anstatt emotional bei der Frau zu bleiben, in dem Moment, in dem sie am offensten und verletzlichsten ist.
- Die Frau kann so verspannt sein, dass sie sich nicht hingeben kann.
- Er kann ihr das Gefühl geben, eine Prostituierte zu sein, wenn er sich nur auf das physische Erlebnis konzentriert.
- Sie kann schlicht und einfach von dem Zusammensein gelangweilt sein und wünschen, dass es vorbei ist.

Eine sexuelle Begegnung könnte wie ein heiliges Ereignis behandelt werden, voller Ehrfurcht vor dem Partner und auch vor dem Akt selbst. Denn schließlich werden heilige Substanzen und Gefäße benutzt, und die Lebenskräfte sind beteiligt. Diese Kräfte können durch die Macht der Liebe veredelt und bereichert – oder aber entweiht werden. Die tiefen und zarten Gefühle des Partners können durch Zärtlichkeit anerkannt, oder sie können durch Heftigkeit verletzt werden.

Wenn man dafür sorgen möchte, dass das Erlebnis gut verläuft, ist die Vorbereitung entscheidend. Es ist ein besonderer Tag. Die Beteiligten räumen alle Ablenkungen aus dem Weg und lassen ihre Spannungen los. Auf der seelischen Ebene bemühen sich beide um friedlichen Umgang miteinander, sowie um das Lösen etwaiger Konflikte. Das Denken erfüllt sich mit wesentlichem Inhalt. Ein Gefühl für Schönheit entsteht durch ein Gespräch, in dem man einander zuhört, in dem sich beide ihr Innerstes mitteilen. »Wir werden eine tiefe Begegnung haben, es geht um Geben und Empfangen.« Es sollte genug Zeit zur Verfügung stehen, man sollte es sich an einem Ort, an dem man sich sicher fühlt, bequem machen. Was geschieht, ist privat und sollte geschützt sein. Zwei Seelen, die sich in Harmonie begegnen, zwei geistige Wesen, die miteinander Kommunion halten, zwei Körper, die bereit sind, Intimität mit selbstlosem Geben zu feiern. Die volle Bedeutung des schöpferischen Aktes sollte wahrgenommen werden. Dann kann die Sexualität eine Qualität annehmen, die frei ist von aller Niedrigkeit.

Die Himmel würden jubeln, wenn das unglaubliche Privileg und die Macht, die den Menschen übergeben worden ist, in eine Opfergabe verwandelt werden könnten und nicht in reinem Selbstgenuss vergeudet würden. Dann fände der kreative Aspekt der Sexualität wieder eine Verbindung zum Vergnügen, und die Trennung zwischen heilig und profan würde wegfallen. Sex als solcher würde dem Tempel der Menschheit zurückgegeben werden und nicht länger aus seinen heiligen Hallen verbannt sein.

Eine weitere Möglichkeit, dies auszudrücken, läge darin, sich an unsere Betrachtung der Liebe zu erinnern, und zu verstehen, dass die Sexualität sich über die Ebene der *hybris* erhoben hat. Mit Hilfe von *eros*, um *philia* zu erreichen und *agape* anzustreben. Dann werden wir den Ausdruck *lieben* (»Liebe machen«) zu recht verwenden.

Wie vieles würde dadurch anders werden, wenn wir den Partner mit solcher Umsicht behandeln und dafür sorgen würden, dass es ihm wohl ergeht! Ein solches Bewusstsein, das durch die Psyche von Männern und Frauen hindurchleuchtet, könnte die moderne Kultur auf gute Weise beeinflussen. Und vielleicht der Geißel AIDS ein Ende setzen.

20. Die Frage nach der Ehe

Die Ehe ist infrage gestellt. Ist sie innerhalb der Gesellschaft immer noch der Fels in der Brandung? Oder ist sie im Sturm der Veränderungen, der die Gesellschaft erfasst hat, weggerissen worden?

Ehen werden zwar noch geschlossen, aber fast die Hälfte davon zerbricht und löst sich auf. Ist die Ehe noch eine Selbstverständlichkeit?

Selbst wenn es noch Ehen gibt, so sind sie doch alles andere als dauerhaft. Wenn es zwischen den Ehepartnern Probleme gibt, werden diese nicht mehr wie früher als Teil der Ehe betrachtet, oder sogar als Chance, um daran zu wachsen. Heutzutage gelten Probleme als Grund zur Trennung und dazu, sein Eheversprechen aufzulösen.

Heute ist es nicht mehr nötig, zu heiraten, um die Erwartungen der Gesellschaft zu erfüllen. (Was genauso viel über den Zustand der Gesellschaft aussagt wie über den Zustand der Ehe.) Kinder können geboren werden, ob die Eltern verheiratet sind oder nicht. Uneheliche Geburt ist kein Makel mehr.

Die Rollen von Mann und Frau, die ehemals so eindeutig definiert waren – er verdient das Geld, sie macht den Haushalt –, sind verwischt. Die meisten Frauen gehen auch zur Arbeit, die wirtschaftlichen Verhältnisse erfordern dies. Die Frauen haben die Handschellen abgelegt, sie sind nicht mehr abhängig, und sie brauchen die Ehe nicht mehr, um ihren Status zu definieren.

Welche Funktion hat die Ehe also noch? Im Idealfall hat sie drei Funktionen.

An erster Stelle ist sie eine feierliche Bekräftigung des Eheversprechens der Partner zueinander. Dieses Versprechen ist eine Absichtserklärung, für den Rest des Lebens zueinander zu stehen, und es bittet um die Anerkennung und die Unterstützung aller, die wollen, dass dies gelingt.

An zweiter Stelle ist die Eheschließung ein rechtlicher Vertrag, der die Beziehung zwischen Ehemann und Ehefrau als Teil der Gesellschaftsstruktur reguliert. Sie schafft von vornherein Klarheit darüber, was die Aufteilung des Eigentums betrifft, sollte die Ehe geschieden werden, und spricht dem Gericht das Recht zu, in diesem Fall das Sorgerecht für die Kinder zu regeln. Die Ehe ist also weitgehend eine rechtliche Angelegenheit.

An dritter Stelle wird die Ehe immer noch häufig durch eine religiöse Feier bestätigt, welche dem Entschluss des Ehepaars, ein gemeinsames Leben aufzubauen, den Segen hinzufügt.

Der erste Aspekt ist vor allem eine Sache zwischen den Eheleuten. Der zweite ist ein Zeichen, dass die Ehe immer noch einen Platz in der sozialen Organisation der Gesellschaft des Staates hat, in welchem das Paar die Ehe schließt. Der dritte geht über das Paar selber und die Gesellschaft hinaus und betrifft die unsichtbare Welt des Geistes. Die ersten beiden Aspekte der Ehe beweisen, dass es sich um eine gut geregelte Beziehung und eine gut strukturierte Gesellschaft handelt. Der erste erfordert keine Formalität mehr, und was den zweiten betrifft, so akzeptiert die Gesellschaft mittlerweile Paare, die ohne rechtliche Vereinbarung zusammenleben.

Die wichtigste Frage in Bezug auf die Ehe betrifft den dritten, den religiösen und geistigen Aspekt. Manchmal wird eine religiöse Form der Eheschließung angestrebt, weil dies moralisch verbindlich erscheint. Manchmal wird dies aus dem gleichen Grunde vermieden. Spielt die göttliche Welt in Bezug auf das, was zwei Menschen auf der Erde miteinander vorhaben, eine Rolle? Sind die Menschen nicht in unserer Zeit davon emanzipiert, alles, was sie tun, auf Gott zu beziehen? Und überhaupt: Wenn Gott die kreative Substanz des gesamten Weltalls ist, was für ein Interesse könnte so ein mächtiges Wesen daran haben, auf welche Weise wir, als winzige Punkte auf der Erde, unser Leben führen, wo doch die Erde selbst nur ein winziger Punkt im Weltall ist? Oder anders herum: Wenn Gott wie »Big Brother« ist, der alle unsere Bewegungen registriert, warum sollten wir so ein Wesen hofieren, das sich einmischt, uns ausforscht und beurteilt? Ein Besserwisser!

Aber was ist dann der Mensch? Es ist wichtig, daran erinnert zu werden, wie sehr wir in unserer irdischen Existenz von den Wesen der geistigen Welt abhängig sind. Unser Seelenleben wird durch die Inspiration aufrechterhalten, die uns durch unsere Gedanken und Ideen zukommt. Unser Zustand der Offenheit hängt davon ab, wie das Fühlen – und damit verbunden unsere Liebeskraft – in uns lebendig ist. Unsere Willensimpulse sind weit davon entfernt, mechanisch abzulaufen, sie verkörpern vielmehr einen Sinn für Moralität. Und unsere Moralität wird geführt durch unser Gefühl dafür, was richtig ist. Wir handeln moralisch, wenn wir unser Verhalten mit einer dieser Testfragen in Übereinstimmung bringen: Ist dies eine Tat, die so im Himmel geschehen würde? Oder: Würde ich dies tun, wenn Gott an meiner Seite wäre und mir dabei zuschauen würde? Wenn dieses Bewusstsein in einem Menschen lebt, dann entwickelt er einen Sinn für die Nähe des Geistes und dessen Relevanz im täglichen

Leben. Wir kommen aus dem Himmel, und nach einer Weile werden wir in den Himmel zurückgerufen. Eine wichtige Komponente unserer Menschlichkeit geht verloren, wenn wir das geistige Element in unserem Leben ableugnen. Es ist, als versuchte man, in einer erstickenden Atmosphäre zu atmen. Und wir leben in beständiger Angst davor, was mit uns geschehen wird, wenn wir sterben.

Nun ist es nicht so, als würden wir uns erst bei der geistigen Welt »zurückmelden«, wenn wir sterben. Wir tun dies jede Nacht, wenn wir schlafen. Dann ist unser Selbst frei dafür, mit unserem Schutzengel zusammen zu sein und die Erlebnisse des Tages durchzuarbeiten, mit den guten und schlechten Taten und allem, was unfertig geblieben ist. Unser Selbst steht mit der geistigen Welt auf reale Weise in Verbindung, obwohl das Bewusstsein davon ausgelöscht wird, wenn wir erwachen. Wir sind also nicht nur für uns selbst und unsere irdischen Verpflichtungen verantwortlich: Wir haben ein dauerndes und bedeutungsvolles Verhältnis zu unserem Engel und anderen geistigen Wesen. Wir werden von dieser anderen Welt getragen, sind ihr anbefohlen. Diese Welt ist überall um uns herum. Es braucht nicht mehr als den Übergang in ein anderes Bewusstsein: Wenn wir einschlafen, sind wir mittendarin.

Und dann können wir uns fragen, was das Leben ist: eine Kraft, die wir aus der unsichtbaren Welt beziehen. Wir selbst können nicht die Autoren des Lebens sein, wir können nur die Empfänger sein, durch die das Leben in uns hineinfließt. Das Leben selbst bleibt ein Mysterium, sosehr man es auch zu analysieren und mit modernen wissenschaftlichen Methoden künstlich herzustellen versucht. Und das Leben tritt in den Lebenskräften in Erscheinung, in der Geisteswissenschaft als Ätherleib bekannt, der unseren physischen Leib umgibt und trägt.

Und hier sind wir wieder bei unserem Thema gelandet: Wenn wir mit jemandem zusammenleben – besonders, wenn wir mit jemandem schlafen –, verändert sich etwas in unserem Ätherleib. Die ätherischen Leiber von Menschen, die sich lieben, fangen an, eins zu werden, sie fügen sich aneinander. Es findet eine Bindung statt, und nicht nur auf seelischer Ebene, wie es geschieht, wenn wir eine tiefe und warme Beziehung zu einem Freund haben. Das praktische Zusammenleben verbindet unsere Lebenskräfte. Das ist es, wovon Paulus im ersten Korintherbrief spricht, wenn er sagt »Die zwei werden ein Fleisch sein« (1 Kor 6,16). Es sind die ätherischen, nicht die physischen Leiber, die zusammenwachsen.

Dies geschieht ganz aktiv, wenn wir Geschlechtsverkehr haben. Sex haben bedeutet, dem Partner einen Teil seines Ätherleibes zu geben und einen Teil von ihm wegzunehmen. Unverbindlicher Sex ist eben nicht unverbindlich, er hat Folgen: Der Lebensleib von jemandem, der mit vielen schläft, ist durchlöchert. Dies kann die Stabilität der Seele in ihrem Denkvermögen beeinträchtigen und den Willen schwächen. Es schwächt auch den Fluss des Fühlens und untergräbt dieses mit emotionalen Gefühlsanwandlungen. Die Seele verliert ihre Reinheit, nicht nur durch das, was als unmoralisches Verhalten bezeichnet werden mag, sondern auch durch den Verlust der Ganzheit und der Gesundheit des ätherischen Leibes. Dies ist etwas, das vor allem die Frauen spüren, da sie sich beim Liebesakt viel tiefer hingeben als der Mann. Man kann sagen: Für eine Frau ist Sex überhaupt nie unverbindlich.

Die Lebenskräfte sind im Sperma und in der Eizelle besonders aktiv. Sie tragen das Leben auf ihre ganz eigene Weise, sie spiegeln die Rhythmen des Lebensleibs und sind durch die Erregung der Seele betroffen. Das Sperma ist wie der herausschießende

Teil eines dynamischen Lichts, und es will zum Ei, das ein ruhiger, warmer Körper ist. Wenn sie eins werden und die Empfängnis stattfindet, dann wird ein seelisch-geistiges Wesen von dem befruchteten Ei angezogen, und das ewige Selbst beginnt damit, einen Körper aufzubauen. Es ist dies ein Selbst, das schon viele Leben durchlebt hat und jetzt den Vater und die Mutter – die Spender von Sperma und Ei – als Eltern akzeptiert, die dieses Seelenwesen braucht, um sein Schicksal zu erfüllen und seine Mission auszuführen. Dieser Vorgang verbindet Ewigkeit und Sterblichkeit miteinander, den Geist mit dem Stoff, das Schicksal mit neuer irdischer Freiheit und die himmlische Seligkeit mit den Mühen des Erdenlebens. Es handelt sich um eine heilige Handlung, die sich derselben erhabenen Ebene nähert wie die Transsubstantiation von Brot und Wein im heiligen Abendmahl.

Diese Mann und Frau gegebene Fähigkeit, Nachkommen zu zeugen, verlangt Hingabe und eine feste Beziehung – jeglicher Missbrauch zerbricht das Heilige daran. Man vergleiche die beiden Möglichkeiten miteinander: Auf der einen Seite haben wir zwei Menschen, die dieses Privileg ausnutzen, ohne sich gegenseitig zu versichern, dass sie zueinander stehen werden. Und auf der anderen Seite zwei Menschen, die in Liebe miteinander verbunden sind und erkennen, dass sie ein gemeinsames Schicksal haben und sich gegenseitig zusichern, ihr Zusammensein auf eine solide Grundlage von totalem und bedingungslosem Zueinanderstehen zu bauen. In dem einen Fall gibt es kein Gefäß, das die Konsequenzen des Zusammenlebens halten könnte. Im anderen Fall kann ihre gegenseitige Verpflichtung eine Ehe gründen, wenn dies von Mensch und Gott bezeugt wird.

Dies ist die wesentliche Bedeutung der Ehe: Die beiden Menschen, die heiraten, geben sich mit voller Klarheit und in Anwesenheit von Zeugen vor der geistigen Welt ein gegenseitiges Versprechen; in einem Gottesdienst, der die geistige Welt bittet, sich mit dem Paar zu vereinigen und ihr Zusammensein zu segnen. Diese Zusicherung wird durch Gebet und Ritual in den Bereich des Ewigen gehoben, und ein Bund wird geschlossen: Wenn beide Paare danach streben, sich gegenseitig in ihrer geistigen Entwicklung zu unterstützen, dann werden die geistigen Mächte sie begleiten und die Ehe dem Thron Gottes präsentieren. Sobald dieser Bund durch ein Sakrament besiegelt wurde, wird er sich nie auflösen: Er wird geistig wesenhaft, ein lebendiger Impuls, eine Kraft, die nie ermüdet oder sich nie abwendet.

Wenn es dann eintritt, dass die Ehe für das Paar zu schwierig wird und nicht mehr haltbar scheint, was im Grunde bedeutet, dass ihre Beziehung gescheitert ist, dann kann ein Gericht die legale Ehe auflösen, aber dieser Scheidungsakt kann nicht den Bund auflösen, der in der heiligen Eheschließung ins Leben gerufen wurde. Sie müssen wahrscheinlich zugeben, dass sie die Ziele und Absichten, die sie anstreben wollten, nicht aufrechterhalten können, dass andere Kräfte oder Probleme dazwischengetreten sind. Aber sie können nicht behaupten, dass die Ehe zerbrochen oder gestorben sei. Denn ein geistiges Wesen stirbt nicht.

Was passiert, wenn zwei Menschen, die geheiratet haben, entscheiden, dass sie ihre Ehe nicht weiterführen können, und sich trennen? Ganz abgesehen von dem Trauma, das die Kinder der Familie erleiden, gibt es auch ein Leiden im Geiste. Wir können dabei ganz spezifisch sein, dank dessen, was wir durch die Geisteswissenschaft wissen. Wenn eine Ehe heiliggesprochen und sie von der geistigen Welt, die sich damit verbindet, wahrgenommen wurde, dann fühlt sich ein Engelwesen zu dem Paar hingezogen und wird Hüter der gemeinsamen Lebenskräfte und innersten Entschlüsse, die von dem Paar sowie von den Kindern, die vielleicht von ihnen angezogen wurden, gefasst worden sind.

Dieses Wesen – wie auch unser individueller Schutzengel – greift nicht in den freien Willen des Paares ein, denn das würde der Förderung der individuellen Verantwortlichkeit zuwiderlaufen, die zu jedem vollgültigen authentischen Menschen dazugehört. Aber dieser Schutzgeist wacht über das Paar und »verarbeitet« die Erfahrungen beider. Dank dieser Fürsorge der geistigen Welt kann eine Ehe ihre eigene Dynamik entwickeln und durch ihre eigene Biografie gehen.

Der Engel kann der Ehe auf ganz reale Weise beistehen, zum Beispiel, indem er das Paar mit Menschen zusammenbringt, die ihnen helfen, sich zu entwickeln und mit den eintretenden Schwierigkeiten fertig zu werden. Auf der anderen Seite kann der Engel schwere Zeiten für das Paar einrichten, wenn sie diese brauchen, um ihre Beziehung zu vertiefen. Es ist eine häufige Erfahrung, dass – fast wie ein Zauber – die Hilfe erscheint, wenn das Paar dafür offen ist. Dies kann dadurch geschehen, dass sie ein Kind bekommen, das ein besonders herausforderndes Problem für das Paar mit sich bringt, etwa durch eine Missbildung oder eine Behinderung. Dadurch ist die Möglichkeit für eine Entwicklung in der Ehe gegeben.

Der Engel der Ehe wird auch das Gewissen der Ehepartner ansprechen, wenn diese vielleicht etwas an ihrer Haltung ändern müssen. Der Engel kann nicht eingreifen, aber er kann durch Gnade arbeiten, und das Paar tut gut daran, ein offenes Verhältnis zu diesem Wesen zu pflegen, damit ihnen Führung und Weisheit zufließen können.

Wir können uns an die Worte Christi erinnert fühlen, als er Pfingsten ankündigte: »Ich will den Vater bitten, und er wird euch einen anderen Helfer, den Erwecker und Tröster, den Spender des Geistesmutes, senden« (Joh 14,16). Indem man für die Nähe und hilfreiche Hingabe der geistigen Wesenheiten offener wird, können die Ehepartner ein Bewusstsein davon entwickeln, dass ihre Ehe für die geistige Welt von Interesse ist und mit Anteilnahme wahrgenommen wird. Sie werden sich der unbegrenzten Schätze an Weisheit und Liebe bewusst, die sie in Anspruch nehmen dürfen, um ihre Ehe für sich selbst erfüllend machen zu können – und wohltuend für die Welt, die sie umgibt.

In unserer Zeit antworten die Wesen der geistigen Welt auf unsere Rufe, wenn wir möchten, dass sie uns helfen. Wenn sie aber nicht gerufen werden, dann werden sie nicht, dann *dürfen* sie nicht eingreifen, außer in Augenblicken unmittelbarer Gefahr, wenn Christus oder sein Bote in Form eines hilfreichen Freundes erscheint, um die Situation zu retten, und dann wieder verschwindet, wenn die Gefahr vorüber ist.

Dieses Wissen vom helfenden Engel, dem Geist einer Ehegemeinschaft, kann uns ermutigen, den Wert einer sakramentalen Eheschließung zu erkennen, welche diesen Bund ins Leben ruft. Es kann uns auch helfen, zu realisieren, was geschieht, wenn eine Ehe nicht länger von dem Paar aufrechterhalten werden kann. Eine schwierige Phase ist kein Grund, die Ehe zu beenden, denn solche Phasen dienen dazu, dass das Paar sich entwickeln und verwandeln kann. Aber wenn die Situation so schlimm wird, dass das Paar sich gegenseitig in seinem Kern angreift und auch ein Eheberater nicht in der Lage ist, ihnen zu helfen, dann muss man die Situation zu einem Ende bringen. Für den Engel, der sich damit verbunden hat, bedeutet dies einen schmerzhaften Rückzug. So wie Menschen den Ruf nach Hilfe aussenden können, so müssen auch die Betroffenen ihre Gedanken zu dem Engel schicken, der seine Aufgabe für die Menschheit verliert und eine Art Trauer durchmacht. Dies erklärt vielleicht, warum eine Scheidung, selbst wenn sie das Ende einer schrecklich gewordenen Ehe bedeutet, immer ein schmerzhafter Prozess ist. Neben seinem eigenen Schmerz erlebt das Paar wahrscheinlich auch den Schmerz, den der Engel erlebt.

Diese Überlegungen helfen uns einzusehen, dass die Ehe als Sakrament nicht leichtfertig eingegangen werden sollte. Es ist eine Vorbereitung nötig, damit die beiden, die heiraten möchten, sich des gemeinsamen Vorhabens bewusst sind.

Die moderne Idee der Ehe passt nicht zur traditionellen kirchlichen Trauung. Die Eigenständigkeit des Individuums und die Gleichheit von Mann und Frau müssen beachtet werden. Das Bild von der Braut, die »weggegeben wird«, sowie das Versprechen, zu lieben, zu ehren und zu gehorchen, passt wenig zu den Gedanken und Gefühlen, die moderne Paare bewegen. Das erneuerte Sakrament der Ehe, wie es in der Christengemeinschaft gefeiert wird, ruft bei denen, die heiraten, die besondere Verantwortung ins Bewusstsein: nach Gemeinsamkeit zu streben, einer Gemeinsamkeit, die sich ins Leben einbettet, in alles, was durch die Biografie und das Schicksal der beiden Partner wirkt. Es weist auch auf die geistige Dimension im Streben beider hin, indem die göttliche Kraft im irdischen Leben anerkannt wird, die dann selbst Zeuge des Versprechens werden kann, das sich die beiden Menschen geben.

Die moderne Ehe lebt mit der Vorstellung, dass die beiden, die heiraten, nicht zwei Hälften sind, die ein Ganzes bilden, sondern zwei Ganzheiten, die sich jeweils in den Dienst des anderen stellen. Das Ziel ist nicht nur, eine gemeinsame Wohnsituation zu schaffen, oder etwa eine Familie zu gründen. Diese Aspekte brauchen ein höheres Prinzip, damit sie lebendig und geschützt sind. Ein solches höheres Prinzip liegt zum Beispiel darin, dass man die Ganzheit des anderen achtet, die sich entfaltende Person, die gleichermaßen in der geistigen und in der irdischen Welt zu Hause ist. Achtung vor demjenigen, der große Gedanken und eine reiche Fantasie haben kann und gleichzeitig vollkommen praktisch und weise ist, was irdische Bedürfnisse und Situationen betrifft, die das Leben präsentiert. Damit sind Menschen gefragt, die sowohl in der Lage wie auch bereit sind, dem anderen Raum zu geben und ihm in seiner Entwicklung zu helfen. Menschen, die ihre eigenen Schwächen und egoistischen Gewohnheiten kennen und daran arbeiten, diese zu überwinden. Menschen, die in ihrem Seelenleben anstreben, Fühlen und Liebe ins Leben zu geleiten. Menschen, die ein großes Herz haben.

Diese Qualitäten erfordern das Anerkennen des Göttlichen, die Bereitschaft, einen Engel als Führer in die Gemeinschaft aufzunehmen, sowie das Versprechen, das Wohlergehen seines Partners im Auge zu behalten. Diese Komponenten bauen eine moderne Ehe auf, deren einigendes Band die Liebe der Partner zueinander ist und die dafür sorgt, dass die Kinder, die ihnen geboren werden, in einer Familie aufwachsen, die emotional und geistig ernährend ist. Sie ermöglichen auch, dass das Ehepaar durch schwere Zeiten geht, Rückschläge und Schwierigkeiten in seinen individuellen Biografien und in seiner Beziehung durchmacht, ohne sich deswegen zu bekriegen. Im Gegenteil, sie werden fähig sein, die Herausforderungen zu akzeptieren und daran zu lernen, indem sie offen und gemeinsam mit ihnen umgehen. Wenn dann die Kinder aufwachsen und das Zuhause verlassen, wird das Ehepaar weiterhin gegenseitig die Ganzheit des anderen unterstützen und bereichern und sich auf den Prozess des Alterns vorbereiten, der Wissen und Erfahrung in Verständnis verwandeln kann. Sie werden auf die Jahrzehnte ihrer Ehe zurücksehen und den Segen feiern, der ihnen zugekommen ist. Wenn sich das Ende des Lebens nähert, wird die geistige Seite ihrer Persönlichkeit sie dazu anleiten, dem Tod als der höchsten Gnade entgegenzusehen, der unsere irdische Begrenztheit auflöst und uns in unsere wahre Heimat zurückholt.

21. Die Musik der Ehe

Eine Hochzeitsansprache

Liebe Ursula, lieber Peter

Wir waren alle Zeugen bei eurer Trauung und bewegen dieses Ereignis in unseren Gedanken. Und jetzt kehren wir uns nach innen und kommen zusammen, um aus vollem Herzen und mit guten Gedanken eure Lebensgemeinschaft zu segnen.

Melodie … Harmonie … Rhythmus …

Die Ehebeziehung ist wie ein Musikstück, und die Ehepartner sind die Komponisten. Gemeinsam komponieren sie diese Musik. Denn eine Beziehung braucht einen klaren Rhythmus als Grundlage. Ihre Melodie erforscht das Neue, denn wohin eine Melodie geht, kann man nie voraussehen, selbst, wenn sie sich wiederholt, sie entwickelt sich immer weiter. Was die Harmonie betrifft, da gibt es immer auch Dissonanzen – Akkorde, die nicht harmonisch klingen. Aber die Musik geht weiter, und die Harmonie wird wiederhergestellt.

Es wird Zeiten geben, da ist die Beziehung wie ein langsamer Satz, ein Adagio. Und dann wieder kann es auch Allegro sein: dahinplätschernd, glücklich über jeden Augenblick, voller Vorfreude auf jeden neuen Tag und das, was sich darin ereignet, und voller Freude aneinander, an den Wendungen und Trillern der aufsteigenden Passagen. Es gibt alle nur denkbaren Stimmungen in einer Beziehung, so wie in der Musik auch, alle nur denkbaren Verfassungen. Was sie zu Musik werden lässt, ist die Einheit, die Ganzheit und die Gestaltung eines Themas.

Das Schicksal hat euch zusammengeführt, und es liegt eine tiefe Bedeutung darin, dass ihr zusammen seid. Dies habt ihr euch gegenseitig und euren Freunden bezeugt. Ihr musstet euch begegnen, es stand in den Sternen. Aber eure Ehe – euer »Ja-Wort« – das war eine freie Tat. Wir waren alle Zeugen eines existenziellen Moments einer höheren Ordnung. Aber vor allem waren die geistigen Wesen, die euch nah sind, als Zeugen dabei, und das Wesen, das eure Ehe beschützen wird. Alle diese waren Zeugen dessen, dass ihr euch versprochen habt, alles, was in eurer Macht steht, zu tun. Aber was genau ist das? Füreinander Sorge zu tragen? Davon war keine Rede. Freunde zu sein? Das ist selbstverständlich. Was habt ihr denn versprochen? Versuchen wir, eine Antwort darauf zu finden.

Die Ehe ist der Versuch, einen Verlust auszugleichen, der tief in uns verborgen ist. Ein Verlust, der uns das Gefühl gibt, dass uns etwas fehlt, weswegen wir nach einem Gefährten suchen, nach Gemeinschaft, um unsere Unvollständigkeit zu heilen. Was uns im wahren Sinne heilt, ist, mit unserem wahren höheren Wesen wieder vereint zu sein. Es ist unser menschliches Dilemma, dass dieses wahre Selbst im Himmel bleibt, wenn wir auf die Erde kommen, und dass wir nur in flüchtigen Augenblicken der Seligkeit und der Erkenntnis die Nähe dieses höheren Wesens spüren können. Deshalb trauern wir. Eigentlich sind wir unser ganzes Leben hindurch von diesem Gefühl der Trauer begleitet, dieser Wahrnehmung davon, von unserem höheren Wesen getrennt zu sein. Wir sehnen uns nach der mystischen Hochzeit, die uns wieder vollkommen machen kann. Durch lange Zeiten hat uns die Kultur dazu gebracht, das höhere Selbst zu vergessen und uns damit zu begnügen, auf der Erde zu sein und unsere Trauer zu betäuben, indem wir nach einem Ehepartner suchen und heiraten. Das Yin suchte nach dem Yang, um sich zu einem Ganzen zusammenzufügen. Und dafür gab es natürlich gute Gründe, denn durch Ehen konnten Familien gegründet und aufgebaut werden, Kinder konnten in einem gesicherten Rahmen aufwachsen, und die Gesellschaft war bemüht, Ehen tragfähig zu machen. Das Ideal war, mit seinem Partner »glücklich bis zum Lebensende« zusammen zu leben.

Aber diese Zeiten sind vorbei. Seit dem Beginn des zwanzigsten Jahrhunderts haben wir das Zeitalter des Lichts betreten, und es wird nach und nach möglich, unserem *eigenen höheren Wesen* zu begegnen und es kennenzulernen. Die geistigen Realitäten, in denen wir leben, sind nicht länger in Symbolen verschleiert oder durch Dogmen verhüllt. Sie werden greifbarer. Seit dem Beginn des zwanzigsten Jahrhunderts hat die Geisteswissenschaft es für jeden Menschen möglich gemacht, den Weg zu seinem eigenen höheren Wesen zu beschreiten, aber es ist ein einsamer Weg, und der moderne Mensch sehnt sich nach einem Weggefährten.

Die Ehe heutzutage ist also nicht nur dazu da, das Leben auf der Erde zu teilen und angenehmer zu machen, sondern auch dazu, die Suche nach dem eigenen höheren Selbst anzuregen. Denn der andere glaubt daran und strebt danach, es kennenzulernen. Der moderne Ehepartner sagt: Ich liebe dich, wie du bist, ich liebe deine Persönlichkeit, sie hat Bedeutung für mich, und ich fühle mich durch das Schicksal mit ihr verbunden. Aber das größte Geschenk, das ich dir machen kann, ist, an dein höheres Selbst zu glauben und es nie aus den Augen zu verlieren. Wenn das Leben schwer ist, und du niedergedrückt bist, dann werde ich dich durch meine Nähe deines unendlichen Wertes versichern: deines Wertes für mich, für die Welt und vor allem für dich selbst. Und ich weiß, du wirst dasselbe auch für mich tun.

Nun hören wir eine neue Musik, und sie klingt milde, ausgehend von dem Geist, der uns umgibt. Die Welt jubelt über das Versprechen einer Beziehung der neuen Art. Zusammensein für ein ganzes Leben, ein Leben, das reich ist an Melodien, indem ihr den Wundern und Prüfungen jedes neuen Tages begegnet. Ein Leben in Harmonie, indem ihr die Regeln guter Komposition befolgt und vorübergehende Missklänge in noch tiefer gründende Harmonien verwandelt. Und ein Leben, das auf Rhythmus aufgebaut ist, auf der selbstlosen Liebe füreinander. Es werden genug neue und unterschiedlichste Herausforderungen kommen, aber dieser beständige Rhythmus wird euch tragen.

Die Ehe in unserer Zeit ist etwas Neues. Sie ist keine Bindung mehr, die Abhängigkeit bedeutet. Eine Lebensgemeinschaft dieser neuen Art, gesegnet durch das erneuerte Sakrament, ist wie Musik, die sich in die Höhen erhebt, Musik, die die Himmel öffnet und Freude auf die Erde bringt. Und sie bietet im Gegenzug etwas, das sehr kostbar ist, das nur durch das Leben auf der Erde hervorgebracht werden kann: die menschliche Liebe.

Freude

Wir gehen mit Freuden in die Ehe. Wir spüren, dass Heilung und Gemeinschaft über Trennung und Unvollständigkeit gesiegt haben. Wir feiern, dass sich die einzelnen Teile zu einem Ganzen zusammenfügen. Wir hoffen auf einen Frühling des Glücks und dass die verdorrte Landschaft unserer Seele mit lebendigem Wasser erquickt werden möge. Vielleicht spüren wir auch, dass die Himmel jauchzen und dass Seelen herabsteigen, die an unserer neuen Lebens-Gemeinschaft teilnehmen möchten. Wir spüren den Mut des Sich-Bekennens in uns aufsteigen, wenn wir die Absicht aussprechen, dass wir gegenseitige Liebe und Gemeinschaft anstreben wollen.

Ehe hat etwas damit zu tun, dass man als Mensch wächst. Dies heißt, dass man im Hinblick auf die Qualitäten wächst, welche die Gemeinschaft stärken. Rücksichtsvoll sein, und doch entschieden; heiter, und doch ernst; aufnehmend sein können, zuhören und empfangen, und doch auch gebend, sich selbst führend und sich selbst verwandelnd.

Es ist eine Ausbildung in Selbsterkenntnis, darin, dem anderen Raum zu geben und zu wissen, wie man sich auf den anderen einstellt. Da ist keine Bühne für den Solisten, der nicht in der Lage ist, gemeinsam mit anderen harmonisch zu spielen. Es ist eine Ausbildung darin, wie man mit Veränderungen fertig wird, denn Veränderungen sind erforderlich, was Gewohnheiten betrifft – und alles in unserem So-Sein, das festgefahren ist.

Aber die Ehe bringt auch Freuden. Es gibt ein tief geistiges und religiöses Prinzip, das zwischen zwei Menschen wirkt, die in Harmonie zusammen sind: Ein drittes Element wird angezogen. Daraus wird ein reicher Seelenteppich gewoben, der unglaublich kostbar ist, und zwar handelt es sich um die Macht, die wir schon (an anderer Stelle in diesem Buch) als das Fühlen erkannt haben. Das Fühlen, wenn es in die Ehe eintritt, stellt eine bereichernde Verbindung her mit der ewigen göttlichen Kraft. Dieser Atemhauch des Himmels, dieses Geistwesen weitet die Seelen und füllt sie mit Wärme. Wenn in einem Menschen Freude aufsteigt – oder genauer gesagt: in einem Paar, das sich verbunden hat –, wird die Herzenswärme angeregt. Daraus entsteht der Impuls, in Jubel auszubrechen. Traurigkeit löst sich in Seelenfrieden auf, und die Gedanken werden offen für das Gute.

Wenn die Freude in die Ehe einzieht, dann hilft sie den Partnern, sich der guten Kräfte bewusst zu werden, die in ihrem Leben am Werk sind. Sie werden einen Blick bekommen für die bedeutsamen Fügungen, das Gute im anderen und in den Menschen um sie herum, und für die Wunder, die sich jeden Tag ereignen. Sie werden auch leichter das Gute in sich selbst entdecken können, etwas, das man leicht übersieht. Sie werden auch den Wert erkennen, der darin liegt, Lethargie und Verkrampfung zu überwinden. Sie werden sich gegenseitig zu schätzen wissen und fühlen, dass sie geschätzt werden. Und ihre Kommunikation – ausgesprochen oder unausgesprochen – wird eine Quelle von Trost und Zuspruch sein. Mit Freude im Herzen können sie für die Zukunft offen sein und damit leben, dass sie ein Mysterium ist.

Die Griechen der klassischen Zeit nannten die Freude *khará*. Der Klang des »ah« überwiegt, es setzt ein mit »ah« und läuft weiter. Freude hat etwas Universelles, sie ist allumfassend, vollkommen. Sie gehört zur Ehe dazu, welche den Weg zur Ganzheit eröffnet, zur Erfüllung und zum Wirken des Himmels auf der Erde.

Spannung

Die Musik der Ehe enthält nicht nur Harmonie, sondern auch Spannung. Im Englischen ist schon das Wort für »intendieren, beabsichtigen« *(to intend)* ein Ausdruck der ehelichen Verbindung, die mit »sich strecken« zu tun hat (im Englischen: *tension, tent*). Anspannung, Gespanntheit, Richtung, Zielgerichtet-Sein: Es ist ein Willenswort, nicht bloß eine Haltung. Ohne die erforderliche Bemühung wird es nicht gelingen. Ohne Spannung geht es nicht, zusätzlich zu Bewegung und Begeisterung, denn eine neue Schöpfung soll entstehen. Und jede Ehe ist eine neue Schöpfung, die ständig im Entstehen ist. Wie beim Segeln muss man sich ständig den herrschenden Bedingungen anpassen, gleichzeitig aber auch einen klaren Orientierungssinn haben, der auch dann aufrechterhalten wird, wenn der Wind ungünstig steht. Widerstand kann in der Tat den Eifer verstärken, mit dem man ein Ziel verfolgt, und das Erreichen des Ziels wird dann umso realer und befriedigender.

Wir werden immer individueller und finden deshalb vielleicht ein räumliches Zusammenleben, bei dem unser Partner alles mitbekommt, was wir tun, immer schwieriger. Der Mensch ist komplex und empfindsam. Sein Leben zu teilen, erfordert ungeheuer viel Toleranz, Großzügigkeit und Respekt voreinander, sonst kann die Freude an der Ehe irritiert werden, und dann setzt Angst ein. Die Folge dessen kann Aggression sein (wenn auch nur verbal) oder gar Rückzug. Dadurch wird ein Prozess in Gang gesetzt, der das Zusammensein untergräbt und das Paar in gegensätzliche Verhaltensweisen drängt.

Der Mann wird sich im Allgemeinen zurückziehen. Er wird einen sicheren Platz für sich suchen und dort seinen emotionalen Aufruhr bearbeiten, entfernt von anderen, die seine Handlungen diskutieren oder analysieren würden. Von daher kommt auch das Zögern des Mannes, was Ehe- oder Partnerberatung betrifft. Was er braucht, ist ein Heiligtum, ein Schlupfloch, eine Höhle, vielleicht einen Arbeitsraum oder eine Bude, in der er »er selbst sein« und »zu sich selbst kommen« kann. Wenn er aufgebracht ist, wird er seinen Seelenzustand normalerweise nicht mit seiner Frau besprechen wollen. Sein Stolz ist verletzt, und folglich ist er verunsichert. Der Troll auf seiner Schulter schreit ihn an: »Du hast es verpatzt!« Nach außen hin scheint er wütend zu sein, aber im Innersten hat er Angst: »Ich habe mein Selbstwertgefühl, meine Selbstachtung verloren.«

Seine Ehefrau, die darüber aufgebracht ist, dass ihr Mann in irgendeiner Weise versagt hat, möchte an dem Problem dranbleiben, ihrer Angst Ausdruck geben und gehört werden. Sie ist nicht wütend, weil ihr Ehemann ein Schuft ist. Sie hat keinen Schuft geheiratet, noch liebt sie einen. Sie liebt ihren Ehemann, den hat sie geheiratet, ihren Mann. Nun hat sie das Gefühl, er entspreche nicht mehr seinem wahren Wesen, dem Ideal, das sie gesehen hat, das sie kennt und liebt, mit unglaublicher Treue. Sie ist zornig, weil sein Verhalten sie enttäuscht, weil er nicht alles ist, was er sein kann, und heiliger Zorn ist verwandt mit Liebe. Deshalb kann sie nicht schweigen. Wenn ihr Ehemann in sein Versteck flüchtet und verschwindet, oder aggressiv ihr gegenüber wird, dann wird ihre Angst nur noch größer, denn ihr Ehemann ist verschwunden – und zurückgeblieben ist das Gespenst von einem Schwächling oder einem Ungeheuer.

Lösung

Es gibt diesen unbekannten Teil von uns, nennen wir es »das Ungeborene«. Es gibt Zeiten, wo dies auf den bewussten Anteil von uns Druck ausübt, und dieser Kampf in unserer Seele ruft einen unangenehmen Zustand hervor, eine Unruhe, und schafft ein Gefühl der Disharmonie. Mit wem wir auch zusammenleben, unsere Beziehung ist davon betroffen. Unser Partner oder Ehepartner kann uns dabei helfen, unsere innere Harmonie wiederherzustellen, wenn der andere fühlt, dass in unserem Inneren ein Prozess abläuft, wenn er offen dafür ist und versteht, was los ist. Wenn die Wahrnehmung unseres Partners scharf genug ist und er versteht, dass ein Geburtsprozess stattfindet, dass eine neue Seelenqualität geboren werden will, wird er oder sie dem Prozess durch die Kraft der Liebe weiterhelfen, durch wohlwollende Anteilnahme. Aber oft genug läuft es so, dass wegen der Enge des Zusammenlebens und der Unsicherheit in der Seele beider Partner die Disharmonie als Ablehnung der Partnerschaft gedeutet wird, oder zumindest als Zweifel an deren Wert. Und das tut weh. Ein Mensch, der bereits verletzt ist, reagiert darauf und verursacht damit noch mehr Verletzung und weitere Reaktionen.

Solche Störungen können aber auch ins Positive gewendet werden. Krisen sind immer Gelegenheiten, durch die sich die Seele vertieft, wächst und weitet. Zuallererst sollte man zugeben, dass sich beide der Störung bewusst sind und diese anerkennen. »Warte mal. Was ist los? Wir sind beide aufgebracht, lass uns daran arbeiten.« Beide müssen einen inneren Prozess durchmachen. Das kann manchmal durch eine dritte Person erleichtert werden, ist aber oft gar nicht nötig.

Die Stufen des Prozesses sind folgende:

1. Die *Störung* anerkennen, welche *Angst* verursacht. Frieden und Harmonie sind dadurch verloren gegangen.
2. Die Reaktion genauer ansehen: *Wut, Angst, Aggression, Schamgefühle* oder *Rückzug*. Keine Kommunikation findet mehr statt.
3. Die *Einsamkeit* akzeptieren, einschließlich der damit einhergehenden Angst und Unsicherheit. Die gegenseitige Unterstützung ist verloren gegangen.

Nun muss man anfangen, sich selbst zu helfen.

4. Einsamkeit in *Alleinsein* umwandeln. In Ruhe überdenken, was geschehen ist.
5. Eine neue *Erkenntnis* wahrnehmen, die aus dem Inneren aufsteigt, als Folge des ganzen Geschehens. Die Freude spüren, die damit in der fühlenden Seele einhergeht.

6. Jetzt zum Ehepartner zurückkehren und *berichten,* was aufgestiegen ist, und dann dem anderen zuhören und erfahren, was sich für den anderen getan hat.
7. Das Neue *feiern* und das Mysterium, das der andere ist, bewundern.

Auf diese Weise kann die Störung das Geschenk freigeben, das sie mit sich bringt, sodass der Stress des Lebens Bedeutung gewinnt. Aber die Störung ist nicht ohne Gefahren. Man muss einen kühlen Kopf bewahren, wenn man sich auf diese Weise mit der Situation auseinandersetzen will. Deshalb ist es gut, wenn man mit seinem Partner oder Ehepartner so im Prozess sein kann, dass man gemeinsam wächst, ohne dass Gewitter oder Aufruhr notwendig sind.

Eine Metamorphose dieser sieben Schritte kann jederzeit miteinander durchgeführt werden, wenn möglich regelmäßig, als ein persönliches Ritual, das am Ende zu einem feierlichen Höhepunkt führt:

1. Sich Zeit nehmen, Unterbrechungen ausschalten, es sich bequem machen und sich wohlfühlen; sich von allem befreien, was Druck, Sorgen oder Belastung im Inneren bedeuten könnte, wenn nötig, indem man bespricht oder aufschreibt, was auch immer den Prozess stört.
2. Über das Mysterium nachdenken, das der andere ist. *Wer bist du? Wer bin ich?*
3. Das Fühlen lebendig machen und zwischen sich und dem anderen fließen lassen, wobei man daran denken sollte, dass *Fühlen* nicht Emotion ist, sondern ein universelles Ausstrahlen von Liebe aus der göttlichen Welt, das einen in seinem Fluss mitnehmen möchte.

4. Jeder ist mit sich *allein,* bei sich selbst. Dies ist die Vorbereitung auf erneuten Austausch. Gemeint ist innere Ruhe, allein sein, zu sich kommen. Henri Nouwen schreibt:»Worte verlieren ihre Macht, wenn sie nicht aus dem Schweigen geboren sind, genauso verliert auch Offenheit ihre Bedeutung, wenn man nicht auch verschlossen sein kann.«[15] Zwei Seiten weiter heißt es:»Um ein geistiges Leben zu finden, müssen wir zuerst den Mut finden, die Wüste unserer Einsamkeit zu betreten und diese durch liebevolle und anhaltende Bemühungen in einen Garten der Einsamkeit verwandeln. Dies erfordert nicht nur Mut, sondern auch einen starken Glauben … Es ist eine Bewegung vom ruhelosen Sinnenwesen hin zum ruhigen Geist.«

5. Aus der friedlichen Stille heraus dem Partner wieder *begegnen.* Den Moment des Entschlusses, in dem man sich einander versprochen hat, in der Erinnerung wiederbeleben. Man erinnert sich an diese freie Tat und empfindet die Freiheit der erneuerten gegenseitigen Begegnung.

6. Zulassen, dass die Heiligkeit des Augenblicks dich erfüllt. Wie Priester, die ein Mysterium zelebrieren: das Mysterium eurer Gemeinsamkeit.

7. Die Herzen öffnen, *in Beziehung sein,* das Neue in der Beziehung mit Freude erleben, die Vertiefung und Erweiterung, die im Augenblick stattfindet. Man kann diese neue Intimität der Seele feiern, indem man den Inhalt eines Buches oder eines Kunstwerks gemeinsam erlebt, zusammen eine Mahlzeit einnimmt, oder sich miteinander ausruht. Einen Weg finden, das Ereignis zum Abschluss zu bringen und zu beenden, bevor man zu den Forderungen des Tages zurück-

---

15 Henri J. M. Nouwen, *Die dreifache Spur. Orientierung für ein spirituelles Leben.* Herder, Freiburg 2012.

kehrt. Hier sind ein paar Worte, die man verwenden kann, um das Ritual gemeinsam zu beenden:

Wir haben zugehört und einander gehört.
Wir haben unseren Blick frei gemacht und einander gesehen.
Wir haben unser Wissen voneinander erneuert.
Wir haben unser Zusammensein bekräftigt.

Intervalle

Alleinsein spielt eine entscheidende Rolle, wenn man eine enge und intime Beziehung aufbauen und aufrechterhalten will. Beide Prozesse, die wir beschrieben haben, gründen sich darauf, dass man allein sein kann. Und hier ist ein Alleinsein gemeint, das die Traurigkeit über die Einsamkeit überwunden hat. Man akzeptiert einfach, was ist – einschließlich der eigenen Person –, und setzt es zu etwas in Beziehung, das ewig ist.

»Ich bin. Es ist. Alles ist Teil eines lebendigen, webenden, wachsenden Ganzen. Lass mich auf seine Musik lauschen, seine Weisheit schmecken, seine Bedeutung spüren.« Im Alleinsein können sich die tieferen Schichten der Seele öffnen und Wahrheiten enthüllen, die ansonsten vor unserem geschwätzigen Alltagsbewusstsein geschützt sind. Im Alleinsein komme ich zu meinem Selbst.

Eine Beziehung, in der man zusammenlebt, braucht Zeiten des Alleinseins. Zeiten, in denen man nichts miteinander teilen muss, sondern in denen jeder Partner allein sein kann. Diese Perioden der Vereinzelung stellen uns wieder her, wenn wir seelisch aufgerieben sind. Sie bauen uns auf, nachdem wir viel miteinander geteilt haben, so wie uns auch der Schlaf nach einem vollen Tag des Aktivseins wieder aufbaut. Und in der Tat, es geht auch um den Schlaf: Muss man immer zusammen schlafen? Wir werden darauf zurückkommen.

Eine Beziehung, in der man zusammenlebt, kann nur leben, atmen und wachsen, wenn es Rhythmen gibt, Zeiten der Gemeinsamkeit, die mit Zeiten des Alleinseins abwechseln. Die Macht unserer Liebe ist rhythmisch, sie setzt Impulse. Sie ist kein statischer Seins-Zustand: Sie ist lebendig, voller Energie und ähnelt dem hellroten, arteriellen Blut, das im Zusammenklang mit dem Herzen durch das Körpersystem pulsiert. Das Problem vieler Partnerschaften ist, dass sie mehr dem dumpferen Verlauf des venösen Bluts ähneln, dessen Farbe ein trübes Violett ist. Verständlicherweise, denn das venöse Blut trägt die Schlacken der verbrauchten Energie. Sauerstoff hat sich durch Verbrennung in Kohlenstoff umgewandelt. Aber wenn es zum Herzen zurückkehrt, wird es sofort zu den Lungen weitergeleitet, wo es die Schlacken loswerden und sich erneuern kann. In gleicher Weise braucht eine enge Beziehung regelmäßiges Klären und Reinigen. Es gibt zu viel Verbrennung im Zusammenleben eines Paares, als dass man den notwendigen Faktor der Lungen übersehen dürfte. Und dies erfordert Alleinsein, in dem beide ihre individuellen Energien erneuern können, sowie ein Ritual, wie das oben beschriebene, damit die Beziehung sich neu beleben kann. Wie oft sehen wir Beziehungen, besonders Ehen, die »venöser« und nicht »arterieller« Natur sind! Gemeinsame Zeiten sind wichtig, aber ebenso Zeiten des Getrennt-Seins.

Ein großer Teil unserer täglichen Erneuerung findet im Schlaf statt. Dies ist die Apotheose des Alleinseins. Er vertritt den Lungenfaktor in unserem täglichen Rhythmus. Und mehr als das: Wenn wir einschlafen und aufwachen, sind wir auf intensivste Weise mit unserem eigenen Selbst beschäftigt. Esoterisch betrachtet verhält es sich tatsächlich so: Wir sind in diesen Momenten des Übergangs am meisten dazu in der Lage, mit gewissenhafter Übung mit unserem Selbst in Berührung zu sein. Aber der Gewohnheit und einer gewissen Erwartungshaltung entspricht es, dass die Partner zusammen in einem gemeinsamen Bett schlafen. Das hat natürlich seine Gründe, tiefliegende Gründe, zweifellos. Aber wenn der Schlaf ein so tiefgründiger Prozess ist, dann muss es auch Gründe dafür geben, die Alternative zu haben, allein zu schlafen, in einem anderen Zimmer. Und zwar immer dann, wenn einer der Partner das Bedürfnis nach Alleinsein hat. Dann verliert das gemeinsame Schlafen in einem Bett seine Routine.

Es ist eine wichtige Beobachtung, dass Situationen ihre eigene Dynamik haben, und die Beziehungen zwischen Frau und Mann folgen diesem Muster. Eine Situation beginnt mit dem Element des *Dramas:* Neue Umstände fordern uns heraus. Das ist spannend, wir kennen den Ausgang nicht, wir sind hellwach, um bei vollem Bewusstsein mitzubekommen, was geschieht. Nach einer Weile geht dieser dramatische Zustand in ein *Ritual* über. Wir werden gelassener, das rhythmische Element trägt die Aktivitäten, und Bedeutsamkeit fließt hinein, wodurch der Prozess seinen vitalen und heiligen Charakter bewahrt. Wenn dieses Ritual aber nicht lebendig gehalten wird, verfällt es in *Routine,* in der jede Vitalität verloren geht. Sie wird vom Ewig-Gleichen begraben. Man muss immer weniger Bewusstsein in das stecken, was geschieht, und wir glauben, wir könnten uns darauf verlassen, dass es in alle Ewigkeit so weitergeht – was natürlich nicht der Fall ist. Das Ergebnis ist eine neue Phase des *Dramas!*

Das heißt, in einer Ehe beginnen die heiligen Rituale ihre Bedeutung zu verlieren, wenn das Paar vom Ritual in eine Routine geraten ist. Um das Ritual am Leben zu erhalten, ist die ständige Erneuerung des Bewusstseins gefordert. Das heißt, dass man der Gegenwart gerecht werden muss und nicht einer leeren Wiederholung dessen, was gestern war. Routine enthält den Keim von Zerstörung in sich. Wirkliche Musik ist im besten Sinne dramatisch oder besitzt die Qualität eines Rituals, und die Musik der Ehe erfordert dies auch. Routine ist wie der Takt, wie das Dröhnen eines Motors, mechanisch und monoton. Ritual dagegen ist rhythmisch. Die Grundstruktur ist vielleicht dieselbe, aber was man feiert, ist mit neuem geistigen Inhalt erfüllt. Im Drama liegt die Zukunft, in der man Neues entdeckt.

Wie ist deine Ehe, wie möchtest du sie haben? An welchem Punkt befindet sie sich im Augenblick?

Crescendo

Ein Komponist ist wie eine Pforte für musikalische Inspirationen, die in ihn hineinfließen. Eine Ehe ist wie die musikalische Umsetzung eines Notenblatts. Das Paar vereinigt sich, um eine Pforte für das hereinströmende Schicksal zu sein. Die Ehe ist das am meisten geeignete Instrument für das Schicksal, ihre Form und ihre Offenheit lassen es zu, dass »Neues« geschieht. Das Karma hat ursprünglich den Schauplatz bereitet, ein Ereignis in einem früheren Leben ist der Hintergrund für das neue Treffen. Und es besteht kein Zweifel daran, dass Karma der Grund ist, warum diese Menschen, die zukünftige Partner werden könnten, sich begegnet sind. Aber *müssen* sie deswegen Partner werden? Das Karma kann niemanden zwingen, es liefert die Umstände, es ruft Gefühle der Anziehung und Nähe oder eben Antipathie hervor. Aber was wir aus der gegebenen Situation machen, ist uns überlassen. Ob diese Gefühle uns also dazu veranlassen, zu heiraten, ist eine gute Frage. Es ist nicht möglich, ausschließlich auf der Basis von Wiedererkennung und karmischer Verbindung eine dauerhafte Gemeinschaft zu bilden.

Das Karma kann keine Ehe, kein Zusammenwohnen, keine sexuelle Beziehung fordern. All dies kann nur wahrhaftig und freiwillig geschehen, wenn es von einer Kraft veredelt wird, die aus der Zukunft kommt: Enthüllung, Entdeckung, das Schaffen des Neuen. Aus karmischen Gründen zu heiraten, wäre, als stürze man sich in eine Routine, aus der es kein Entrinnen gibt. Wenn du jemanden heiraten möchtest, weil ihr beide der Überzeugung seid, euch im Mittelalter schon einmal als Mönche begegnet zu sein, dann Vorsicht! Ihr könnt eure Erinnerungen auf andere Weise würdigen, aber glaubt nicht, dass dieses Gefühl der Nähe zur Ehe führen muss!

Die Ehe muss auf eine Liebe gegründet sein, die frei ist. Frei, um euch beide auf eurem Weg der individuellen Entwicklung zu neuen Höhen zu führen. Und innere Entwicklung hat mit Entwicklung in der Liebe zu tun. Sich entwickeln, wachsen: *crescendo*. Daher kommt das *Crescendo* in der Ehe.

Das Schicksal spielt natürlich eine Rolle in der Ehe, aber es ist wichtig, sich daran zu erinnern, dass die Ehe mehr ist als das. Ihr habt in eurer Ehe die Möglichkeit, einen großen Teil eures Lebens aus der Freiheit der Liebe zu gestalten. Während einerseits so viel in eurer täglichen Existenz – was Haus, Ehemann, Ehefrau und Kinder betrifft – scheinbar in Routine festgelegt ist, kann doch jedes einzelne Element darin durch bewusste Hingabe belebt werden. »Ich muss dies tun, aber es ist ein Teil dessen, was ich in Freiheit gewählt habe, und deshalb ist jede meiner Handlungen, mit der ich auf die Situation, in der ich mich befinde, reagiere, mit dieser freien Tat verbunden. Was ich jetzt tue, kann ich als eine aus freien Stücken akzeptierte Notwendigkeit ansehen, und damit gewinnt sie die Qualität einer Tat aus Liebe.«

Dann arbeite ich aus dem Herzen heraus, und das Herz wird nie müde. Und darüber hinaus wissen wir aus der Geisteswissenschaft, dass eine in Liebe getane Tat keine karmischen Konsequenzen in sich trägt. Wenn ich also aus Liebe heraus arbeite, dann mache ich mich selbst zu einem freien Menschen, selbst in diesem weitesten Sinn. Die Ehe ist aus diesem Grund, was die Freiheit betrifft, ein besonderer Schulungsweg.

Entwicklung

Vieles in unseren Beziehungen zu anderen Menschen geschieht unbewusst. Wir sprechen davon, uns Hals über Kopf zu verlieben, dass unser Herz im Sturm erobert wird, oder dass wir auf Wolken schweben. Das ist die Wirkung romantischer Liebe, die als Kraft unsere Seelen mit Besitz ergreift, unsere Haltungen und Ideale durchwärmt – möglicherweise aber auch unseren Verstand überwältigt. Wir fühlen uns von der Liebe ergriffen. Aber bekanntlich dauert diese Art der Liebe nicht an. Sie kann dramatisch sein, nimmt aber selten die Form eines Rituals an, außer man verwandelt sie.

Dann gibt es im allgemeineren Sinn die Sympathie für bestimmte Menschen und Dinge. Wir mögen jemanden, oder uns gefällt ein Kunstwerk. Dieses positive Gefühl ist instinktiv, oder es wächst, wenn wir den Menschen oder die Sache besser kennenlernen und immer mehr verstehen. Es ist ein Gefühl, das in uns aufsteigt. Diese Formen der Liebe werden nicht von uns gemacht. Wir schaffen vielleicht die Bedingungen dafür, eröffnen den Raum. Dennoch steigen sie in uns gewissermaßen unbewusst auf, ähnlich wie die Verbundenheit zu unseren Blutsverwandten. Sie sind Teil unseres Erbes aus der Vergangenheit.

Aber es gibt auch neue Liebe: Sie führt ein neues Motiv in die Symphonie ein. Sie ist das Ergebnis unserer eigenen Taten, die aus Freiheit entstehen. Sie verhält sich zu alter Liebe wie Sonnenlicht zum Mondlicht, sie ist gegenwärtig, quicklebendig, kreativ und tragend. Nichts an ihr ist Spiegelung, nichts ist passiv. Sie kann nur durch die Beziehung zwischen Ich-Menschen entstehen, sie kann niemals aus dem Erb- oder Blutsstrom kommen. Sich als Individuen gegenseitig beizustehen oder sich auseinanderzusetzen, ist die zwillingshafte Natur ihrer Verbindung. Als Erstes muss ich wissen, wer ich als freier, authentischer und individueller Mensch selber bin. Erst dann kann ich bewusst in eine Beziehung eintreten, in eine zielgerichtete Gemeinschaft mit anderen. Daraus entspringt unser Interesse für den anderen, unsere wohlwollende Achtung, unsere Sorge um sein Wohlergehen und richtiges Wachstum.

Diese Macht der Liebe und des Mitleids, die frei von Blutsbanden ist, wurde durch Gautama Buddha in die Welt gebracht. Es war die Vorbereitung für die Mission des Christus Jesus sechs Jahrhunderte später, sowie für die Wirkung des Christus und seines Weiterwirkens, denn seine Inkarnation ist immer noch weit davon entfernt, voll erkannt zu werden. Es war seine Mission, die Tat des Buddha aus dem seelischen Bereich in den der Lebenskräfte fortzuführen, in anderen Worten: die Liebe eine Stufe weiterzuentwickeln, als Vorspiel zur nächsten Phase, in der sie als verwandelnde Macht auf die Erde selbst wirken wird.

Auf diese Weise könnte die Erde, obwohl sie nicht groß ist, eine neue Macht hervorbringen, die über einen langen Zeitraum das ganze Universum verwandeln könnte – und damit meinen wir die Macht der menschlichen Liebe. Göttliche Liebe hatte das Universum erschaffen, aber im Menschen konnte sie nur als Liebe auftreten, die noch weniger bewusst war. Was aber in unserer Zeit einen großen Unterschied machen wird, ist das Hervorbringen einer neuen Macht im freien Menschen, vom schöpferischen Potenzial des menschlichen Selbstes hervorgerufen, unbelastet von den Überresten instinktiver Zusammenhänge.

Christus hat gezeigt, dass die alten Formen der Liebe durch neue ersetzt werden mussten. Er führte Petrus und Andreas sowie die Söhne des Zebedäus weg von ihren Vätern und sprach davon, dass Mutter und Bruder verlassen werden müssten. Und er verfluchte den Feigenbaum, da er den Pfad einer unbewussten spirituellen Entwicklung symbolisierte.

Er leitete einen Prozess ein, der die Menschen aus dem Gewebe der erblichen Beziehungen hinausführt: heraus aus ihren unbewussten, mitgebrachten Zusammenhängen, hinein in eine neue Verknüpfung aus frei geschaffenen Beziehungen, die nur durch ständiges Bemühen aufrechterhalten werden können. Sie sind nicht in der Vergangenheit verwurzelt, ihre Lebenskräfte werden ständig aus der Zukunft heraus erneuert, durch die Sonnenkräfte des Christus selbst.

Die Liebe wird alles überschreitend, unmittelbar, pulsierend, aber gleichzeitig auch gefährdet. Solche Menschen nehmen den Rang von Mit-Schöpfenden und Mit-Heilenden an. Sie werden für alle anderen Menschen wie Christus, sie werden zu Wegbereitern der göttlichen Macht, die sie aus der Freiheit der Menschen erschaffen. Diese lernen sie zu lenken und ihren Mitmenschen zu spenden, frei von Erbzusammenhängen, aber aus der Erkenntnis der geistigen Wahrheit und der Würde heraus, die jeder einzelne Mensch in sich trägt.

Die Suche nach dieser neuen Liebe kann uns alle ergreifen. Der ideale Schulungsweg dafür ist die moderne Ehe: ein frei getragenes Zusammensein von Mann und Frau, damit beide geistig wachsen, ein sicheres und von Freude erfülltes alltägliches Leben miteinander führen und für das Wohlergehen ihrer Kinder sorgen können. Eine lebende Zelle, die neue Liebe hervorbringen und diese über den kleinen Rahmen hinaus in weitere Kreise erklingen lassen kann, wie eine Musik, die fortschreitende Heilung und Segen verbreitet.

Finale

Wir können nicht mehr erwarten, dass die Liebe uns einfach einhüllt. Wärme in Beziehungen, Zuneigung und Nähe werden uns nicht mehr als Teil unserer Natur mitgegeben. Das instinktive Bedürfnis, zu ernähren und zu beschützen, findet sich zwar noch im Menschen – vor allem bei jenen, die in Stämme, Sippen und Großfamilien eingebettet sind –, doch mit der Entwicklung des Bewusstseins und der Lockerung der Bedeutung von Blutsbanden wird jeder zunehmend einsam und muss mit diesem Gefühl der Einsamkeit fertigwerden.

Auch die Ehe ist kein Rezept gegen die Einsamkeit. Wir müssen die schmerzliche Tatsache akzeptieren: Die Ehe kann uns das Einsamkeitsgefühl nicht nehmen. Und zwar nicht, weil die Ehe versagt hätte, sondern weil der Mensch sich verändert hat.

Die traditionelle Idee der Ehe hat mit dem Fortschreiten der menschlichen Entwicklung nicht schritthalten können. Der moderne westliche Mensch kann mit der Form der Ehe, wie sie unsere Großeltern und Urgroßeltern oder sogar noch unsere Eltern geführt haben, nicht mehr einverstanden sein. Die Dinge verändern sich in unserer Zeit rapider als zu jeder anderen Zeit der Menschheitsgeschichte.

Wenn sich der Mensch verändert, dann muss sich die Ehe ebenfalls verändern. Dies hängt mit der Dynamik der Liebe zusammen, sie hat eine Metamorphose durchgemacht, und zwar seitdem Christus bei der Hochzeit zu Kana das Wasser in Wein verwandelt hat. Schon zu jenem Zeitpunkt war die alte Art, sich zu verbinden, zu Ende gegangen. Was bis dahin Wärme zwischen Menschen geschaffen und dafür gesorgt hatte, dass menschliche Beziehungen und besonders die Ehe reibungslos verlaufen konnten, hatte sich erschöpft. Der symbolische Ausdruck dafür war, dass es keinen Wein mehr bei der Hochzeit gab.

Es war ganz offensichtlich die Aufgabe von Jesus Christus, der gerade als neuer geistiger Führer aufgetreten war, die unmittelbare Situation zu retten und ein schreckliches Dilemma abzuwenden. Und es war genau diese Notwendigkeit, die einen Durchbruch in der Dynamik der Liebe möglich machte.

Seine Mutter tat weit mehr, als ihn nur zu ermutigen. Zwischen ihnen wirkte etwas, das er als die Macht im Wesen der Frau erkannte, und er brachte dies zum Ausdruck, indem er sie mit »Frau« ansprach. Dieses Wort hat viele Übersetzer verwundert, denn es scheint einen Mangel an Respekt zu bezeugen, aber dafür gibt es keinen Hinweis. Er sprach das Ewige in ihr an, ihr innerstes Wesen, ihr größtes Potenzial. »Ich kann noch nicht allein handeln, die Mitarbeit der Frau ist erforderlich.« Maria konnte daraufhin die Aufgabe und das Privileg der Frau beweisen, der Frau in uns allen, das darin besteht, zu bestätigen und zu stärken, damit der Mann in uns handeln kann. Als Folge dessen handelte Jesus – und mit seiner Tat überwand er die Beschränkungen der Vergangenheit und zog Kraft aus der Zukunft. Sie sagte ganz schlicht zu den Dienern: »Tut, was er euch sagt.« Es ging um die augenblickliche Notlage, aber vor dem Hintergrund einer größeren Frage. Maria musste als eine der Organisatoren der Hochzeit den Dienern erlauben, die Anweisungen von jemandem zu akzeptieren, der bei der Hochzeit nur als Gast anwesend war. Durch diese Tat jedoch ermöglichte sie das Eintreten eines Wunders. Und das Zeichen ereignete sich, das erste Zeichen des Christus. Der neue Wein trat in Erscheinung, die neue Liebe.

Das Evangelium des Johannes ist mehr als eine Erzählung, es ist in einer Mysteriensprache geschrieben, die, wenn wir sie meditieren, immer tiefere Schichten enthüllt. Hier haben wir eine Ehe, und zwar im archetypischen Sinn, sonst würde sie nicht im Evangelium genannt (Joh 2,1–12). Im Laufe dieser Hochzeit musste etwas erscheinen, wahrhaftig erschaffen werden, neuer Wein, der beste Wein. Das, was unser Gefühl der frohen Zusammengehörigkeit schafft, das Gefühl, dass wir irgendwie alle eine große Familie sind, vereint durch unsere gemeinsamen Blutsbande, ist nicht länger relevant. Was uns verbindet, muss aus dem lebensspendenden Element des reinen Wassers neu geschaffen werden. Und es muss die Macht des Segens in sich tragen, die Macht des Ich-bin. Das Ich, welches das neue Prinzip des Menschen ist, des Christus-in-uns.

Diese geistige Wesenheit muss nun unser individuelles Wesen ergreifen: Die Sonnenkraft in jedem Menschen muss das Mondenelement des unbewussten In-Beziehung-Tretens und Sich-Verbindens sowie der Bildung von Familien und Sippen aus dem Erbstrom abwerfen. Diese neue Art, ganz individuell zu sein, dieser schöpferische Funke der Sonnenmacht, der für uns zugänglich gemacht worden ist, seitdem der neue Wein geschaffen wurde, muss die Quelle der Kraft in der Liebe werden. Die Liebe wird uns nicht mehr einfach gegeben, wir müssen sie uns erringen, in uns hereinholen, jetzt und für alle Zeiten, als Aufgabe für alle Menschen.

Dies war eine riesengroße Herausforderung. Es brauchte Zeit, erst musste vieles andere geschehen. Und immer noch tritt der Mensch zum großen Teil unbewusst und mondhaft in Beziehungen ein. Wir retten uns in Zutaten und Ersatz, um unser Gefühl, zusammenzugehören, aufrecht zu erhalten. Einsamkeit bedroht uns von allen Seiten. Die Ehe, die so lange Zeit als das Allheilmittel betrachtet wurde, hat die Macht verloren, mit der die Einsamkeit überwunden werden konnte. Und so bringen wir unsere Ehen so weit, dass sie zusammenbrechen, versuchen, neue zu beginnen, oder lehnen jeglichen Wert der Ehe total ab. Aber die Schwäche liegt nicht in der Ehe selbst. Die Idee, dass Freundschaft zu fester Verbindung führen kann und sich dies aufrechterhalten lässt und Paare durchs Leben trägt, ist keine schwache Idee, sie birgt sogar eine enorme Stärke in sich. Vorausgesetzt, dass sie durch und durch mit neuem Wein durchpulst ist, mit neuer Liebe, die aus dem Ich kommt, vom Selbst getragen, von der Sonne ermächtigt.

In den zwei Jahrtausenden seit der Hochzeit zu Kana ist die volle Realität dieses Ereignisses langsam im menschlichen Bewusstsein stärker geworden. Im Augenblick, in dem diese Tat in das dritte Jahrtausend eintritt, regt sich das Bedürfnis, wahre Träger einer neuen Weisheit vom Menschen zu werden. Das Selbst erwacht. Daraus kann sich die authentische, vom Selbst angetriebene Liebe entwickeln. Jeder individuelle Mensch wird für sein eigenes Leben verantwortlich werden – und er wird in der Lage sein, Gemeinschaft zu bilden.

22. Schwierigkeiten und Herausforderungen

Zwei Welten kommen zusammen, wenn ein Mann und eine Frau heiraten – zwei verschiedene Welten. Die Welt des Mannes ist nicht ganz so, wie die Frau sie sich vorstellt. Und ebenso wenig ist die Welt der Frau so, wie der Mann sie sich denkt. Es wird Zeit brauchen, bis beide Welten zusammenwachsen. Deshalb ist es entscheidend, dass ihr eure Entdeckungsreise mit offenen Augen beginnt und darauf vorbereitet seid, dass ihr Dinge finden werdet, die ihr nie erwartet habt, und euch an der Wahrheit, Schönheit und Güte erfreut, die in der Welt eures Partners leben.

Den Partner ändern wollen

Männer stellen sich vielleicht vor, es sei ihre Aufgabe – vielleicht sogar ihre Pflicht –, ihre Frauen zu zähmen, um sicherzugehen, dass diese wissen, wo ihr Platz ist und was von ihnen erwartet wird. Und Frauen sonnen sich vielleicht in dem Glauben, dass ihre Männer sich verändern werden, sobald sie verheiratet sind. Das Erste wird fehlschlagen, das Zweite ist eine Illusion. Beides verrät die Haltung, dass man meint, den anderen zu besitzen. Diese Art von Liebe versucht, den anderen zu beherrschen, ohne ihm einen Entwicklungsprozess zuzugestehen. Liebe soll dem anderen helfen, Freiheit zu erlangen, und nicht Fesselung bewirken: »Ich werde dich durch deine Prüfungen begleiten, kann sie dir nicht abnehmen. Ich werde offen mit dir sein, aber ich werde dir nicht die Fähigkeit absprechen, für dich selbst zu sorgen. Ich werde dich freilassen, sodass du deine eigenen Entscheidungen machen und über deine Haltungen und dein Verhalten selbst entscheiden kannst. Ich werde dir zuhören, aber ich werde nicht allem zustimmen, was du sagst und tust.«

Das wahre Wesen deines Partners im Bewusstsein zu behalten und darauf zu vertrauen, dass die richtige Führung kommen wird, selbst dann, wenn dieses wahre Wesen getrübt ist, das wird einen Raum für Wachstum schaffen und den Partner befähigen, die Verantwortung für den Prozess zu ergreifen, der nötig ist.

Diese Probleme können zum großen Teil vermieden werden, wenn die Vorbereitung auf die Ehe von einem Seelsorger begleitet wird. Die alte Sitte, nach der man mindestens ein halbes Jahr verlobt sein und sich vorbereiten sollte, hat viel für sich. Dies gilt besonders für eine sakramentale Eheschließung.

Während dieser Vorbereitungszeit kann das Paar sich fragen, ob es Verhaltensweisen gibt, die das Zusammenleben erschweren könnten. Zum Beispiel schnarchen, schlampig angezogen sein, körperliche Pflege vernachlässigen, das Badezimmer stundenlang besetzen, am Essen herumnörgeln, barbarische Tischsitten haben, schniefen, geräuschvoll husten, das Radio als Geräuschkulisse brauchen, immer das letzte Wort haben müssen, entweder geizig oder verschwenderisch sein, nicht zuhören können, sarkastisch sein, den Partner vor anderen schlechtmachen, ständig spöttische oder verletzende Witze machen müssen, unersättlich neugierig sein und vieles mehr.

Die Aussicht, dass zwei Menschen von Anfang an gut zusammenpassen, ist gering. Es geht vielmehr darum, dass man einfach anfängt und gemeinsam an Veränderungen arbeitet. Es braucht aber auf beiden Seiten die Bereitschaft zur Veränderung, besonders in den vermeintlich unwichtigen Dingen, die ungeheuer irritierend sein können. Wenn das nicht geschieht, kann es sein, dass man zu der Haltung gelangt: »Lieber allein sein als in nervender Gesellschaft.«

Es gibt weitere Fragen, die man sich stellen sollte, ehe man eine Lebensentscheidung trifft:

- Werden wir auf beruflicher Ebene Rivalen sein?
- Werden wir vor unseren Freunden um Anerkennung kämpfen?
- Wo sind wir ähnlich, wo ergänzen wir uns?
- Gibt es Fähigkeiten oder Qualitäten, die keiner von uns besitzt?
- Was ist unsere jeweilige Einstellung zum Geld?
- Was betrachtet jeder einzelne von uns als Luxus?
- Geraten wir wegen unserer Eigenheiten aneinander?
- Teilen und akzeptieren wir die Ansichten des anderen, was gesundes Essen betrifft, den Verzehr von Fleisch, Kaffee sowie den Genuss von Nikotin?
- Haben wir gern Freunde zu Besuch, die bis spät in die Nacht bleiben?
- Schätzen wir die Verwandten und Freunde des anderen?
- Fühlt sich einer von uns durch die überwältigende Familie des anderen erdrückt?
- Sind wir gleichermaßen um die Umwelt besorgt (Vermeidung von giftigen Sprays und Waschmitteln, die nicht biologisch abbaubar sind, etc.?)
- Stimmen wir überein, oder haben wir zumindest eine offe-

ne, wohlwollende Achtung für den anderen, in Hinsicht auf Religion und Religionsausübung, politische Zugehörigkeit oder Sympathien für eine politische Richtung, klassische Musik, Unterhaltungsmusik oder Pop-Musik, Schweigen, um konzentriert lesen zu können?

- Bevorzugen wir dieselbe Art von Theater oder Film?
- Haben wir dieselbe Einstellung in Bezug auf das Fernsehen?
- Mögen wir dieselbe Art von Leuten? Und bewundern wir dieselben Fähigkeiten und Erfolge?
- Passt unsere Einstellung in Bezug auf rassistische oder kulturell bedingte Vorurteile zusammen?
- Sind wir in Bezug auf Zärtlichkeit und Sex aufeinander abgestimmt?

Selten passt alles, und das wäre wohl auch langweilig. Um sich aber auf eine Beziehung fürs Leben vorzubereiten, lohnt es sich sehr, solche Fragen durchzuarbeiten. Es sind alles Aspekte, die beim Aufbau einer wirklich intimen Beziehung relevant sein werden. Es kommt nicht so sehr darauf an, dass man in all diesen Punkten übereinstimmt, sondern dass man akzeptiert, was bezüglich der Lebensweise des anderen nicht mit der eigenen übereinstimmt.

Erste Schwangerschaft

Eine junge Ehe beginnt normalerweise mit einer romantischen Phase, in der die physische Beziehung wichtig und erfüllend ist. Und dann wird die Frau schwanger, und das kommende Kind bewirkt, dass plötzlich alles anders aussieht. Ihre Stimmungen schwanken dramatisch, ihre Gedanken kreisen ums Muttersein. Beim Ehemann gibt es (mindestens) zwei verschiedene Reaktionen. Einerseits fühlt er einen gewissen Stolz; er wird nun Vater und fängt an, sich vorzustellen, wie das Leben durch die Ankunft des Kindes und die Gründung seiner eigenen Familie anders und reicher werden wird. Ihm ist aufgefallen, dass alle seine Freunde am Arbeitsplatz durch das Vatersein reifer geworden sind. Er bemerkt, dass eine Art innerer Frieden in ihm aufsteigt, und das Gefühl regt sich: »Dann werde ich etwas erreicht haben, das mir niemand jemals wieder wegnehmen kann.«

Andererseits kann ein zukünftiger Vater auch die folgende Reaktion haben: »O je, was für eine Verantwortung! Wir werden rechnen müssen. Leicht wird es nicht werden. Und wir haben kein zweites Einkommen mehr, auf jeden Fall für eine ganze Weile.« Und er macht sich daran, mehr zu verdienen, indem er sich um Beförderung bemüht oder eine bessere Ausbildung anstrebt. Er entscheidet sich vielleicht dafür, einen Abendkurs zu machen, um beruflich besser dazustehen oder in anderer Weise seine berufliche Stellung zu verbessern. Oder er macht sich darauf gefasst, Überstunden zu machen, mehr Verantwortung zu übernehmen, Risiken einzugehen. Vielleicht wird er sogar den Job wechseln, um ein besseres Einkommen zu haben. All dies unternimmt er, damit er seine Familie besser versorgen kann. Wie auch immer, er muss der neuen Herausforderung gerecht werden. Und damit beginnt eine stressvolle Zeit für den Ehemann. Er steckt mehr Energien in seine Arbeit, in den Aufbau seiner Karriere, in das, was getan werden muss.

Dass dies gerade jetzt abläuft, ist denkbar ungünstig, denn die Ehefrau ist nun an dem Punkt angekommen, an dem sie mehr Aufmerksamkeit und zuverlässige Gesellschaft braucht, gerade wenn der Ehemann dazu weniger als zuvor in der Lage ist. Bald wird sie ihre Arbeit aufgeben müssen und den ganzen Tag lang zu Hause sein. Sie schläft nicht mehr so gut, oder sie leidet an Schwangerschaftsübelkeit oder anderen Beschwerden, die das

Leben mühsam machen, und nach und nach wird sie schwerfälliger und weniger beweglich. Sie grübelt über ihr kommendes Kind nach und fragt sich: »Was ist, wenn es eine Behinderung hat? Wird es ein anstrengendes Kind sein?« Sie weiß, dass erste Kinder oft anstrengend sind. »Wie wird die Geburt verlaufen? Ich habe ein bisschen Angst davor. Wird es stressig sein?« All diese Ängste machen sie verwundbarer als sonst – und abhängiger von ihrem Ehemann, der der sichere Ankerplatz in ihrem Leben ist. Er ist ihr Gefährte, ihre Stütze, sie liebt ihn und er sie. Sie tut alles für ihn, der das kommende Kind gezeugt hat. Er wird das Familienoberhaupt dieser Familie sein, die durch das Kind begründet wird. Ihr Mann, der Bedeutung und Sinn ihrer ganzen Existenz ist, und auch der Grund, weshalb sich das Putzen und die Hausarbeit lohnen, die sie mit Freuden auf sich nimmt. Und all die Schmerzen und Sorgen des bevorstehenden Mutterseins noch dazu! Sie möchte, dass er sich mitfreut. Sie möchte ihm all die Dinge vorführen, die sie vorbereitet: die Wiege und die Babydecken und die kleinen Babyschuhe, die sie zu stricken begonnen hat. Es wäre so selbstverständlich, alles mit ihm zu teilen: »Guck dir die Windeln an, die ich heute gekauft habe!« Aber auf einmal wird alles schwierig, die Kommunikation zwischen ihnen steht unter Stress. Es gibt auch keine gemeinsamen Theater- oder Konzertbesuche mehr, auch erzählt man sich nicht mehr, wie der Arbeitstag war. Sie muss sich jetzt auf das Muttersein konzentrieren, und das ist für ihn vollkommenes Neuland.

Was mit gegenseitiger Liebe anfing, ist bei Selbstmitleid angekommen, und das gilt für alle beide. Das Leben eines jungen Ehepaars ist voll von solchen Stressmomenten.

Krise um das 28. Lebensjahr

Wenn ein Paar in den Entwicklungsjahren zwischen zwanzig und dreißig seine Ehe beginnt, dann kann im emotionalen Zusammenleben eine kritische Phase eintreten, wenn der eine Partner das Alter von siebenundzwanzig oder achtundzwanzig erreicht. Die Jugend ist vorbei (manchmal plötzlich), und der Schwung ist weg. Er oder sie fühlt sich hoffnungslos unzureichend: »Wo ist mein Mut geblieben? Meine Energie ist nicht mehr, was sie war: Ich habe das Gefühl, ich werde schon alt. Noch vor ein paar Jahren fühlte ich mich so stark, und jetzt hänge ich nur noch durch.«

Das ist schmerzlich, und die betroffene Person wird introvertiert. »Was ist mit meinem Leben passiert? Es geht mir wirklich nicht besonders. Ich konnte mich doch immer auf mich verlassen, aber auf einmal ist das alles weg. Ich fühle mich sehr wackelig und gar nicht mehr wohl in meiner Haut. Ich kann mir nicht einmal mehr sicher sein, ob mein Partner mich noch liebt, ich habe scheinbar jegliche Unterstützung, Offenheit und Verständnis verloren. Und was das Schlimmste ist, ich habe das Vertrauen in mich selbst verloren.«

Auf einer anderen Ebene sieht dies anders aus. Unser Schutzengel, der uns über die ersten siebenundzwanzig Jahre begleitet hat, zieht sich für eine Weile zurück. Er muss uns diesen Freiraum geben, damit wir uns tiefer mit unserem Leben verbinden können.

Wenn wir verstehen, was vorgeht, oder wenn wir den richtigen Hinweis bekommen, dann wissen wir, dass diese Phase bald vorüber sein wird. Sie kommt über uns wie eine Krankheit und ist alles andere als angenehm, sie kann sogar unheimlich sein. Wir fühlen uns an ein siebenjähriges Kind erinnert, das die Masern bekommt, oder an ein vierzehnjähriges, das in die Pubertät kommt. An jeder

Schwelle innerhalb des Zyklus von sieben Jahren lässt man eine Hülle hinter sich und erreicht eine größere Freiheit. Auch mit einundzwanzig. Dies ist als entscheidendes Alter bekannt.

Mit achtundzwanzig gelangen wir an eine andere Schwelle, die kaum gefeiert wird und eher eine innere Herausforderung ist. Das achtundzwanzigste Jahr kündigt eine Krise an, die mit Mut, Vertrauen, Glauben und vor allem Selbstakzeptanz gemeistert werden muss. Bis zum Alter von siebenundzwanzig Jahren können wir uns auf unsere Jugendkräfte verlassen. Energie und Gedankenstärke stehen uns zur Verfügung, Vitalität und Entschlusskraft, Schwung und Freude sind unser selbstverständliches Erbe. Und damit kommen wir gut zurecht. Verständlicherweise nehmen wir an, dass dies einfach zum Leben dazugehört, wir realisieren nicht, dass diese natürliche Ausstattung nur unsere Jugend hindurch andauert. Wenn wir uns dem Alter von achtundzwanzig Jahren nähern, müssen wir damit anfangen, uns auf unsere eigenen inneren Grundlagen zu stützen. Wenn wir genug Mut, Vertrauen, Glauben und Selbstakzeptanz in uns tragen, dann kommen wir ohne Probleme durch diesen Übergang.

Vielleicht hat sich dieser Übergang in früheren Zeiten auf so natürliche Weise vollzogen, dass er kaum bemerkt wurde. Heutzutage ist das problematischer, weil die notwendige Grundlage dafür leider oft fehlt. Was vor allem fehlt, ist die Selbstakzeptanz. Jeder Mensch braucht die Überzeugung von sich: »Ich bin jemand, ich habe einen Wert.« Aber das ist mit Sicherheit kein Wesenszug unserer Zeit. Selbstmitleid ist weit verbreitet. Vor dem Alter von achtundzwanzig können wir aus allem, was wir mitgebracht haben, Kraft ziehen, danach hängt alles von uns selbst ab. Wenn wir kein Selbstwertgefühl haben, dann sind wir nur allzu leicht umzuwerfen.

Und nun muss man sich vorstellen, dass das Paar schon verheiratet ist, wenn diese Krise kommt. Vielleicht ist die Ehefrau jünger

202

als ihr Mann und noch sprudelnd, voll von jugendlichem Überschwang, vielleicht sogar intolerant und unsensibel. Und dann geht der Ehemann durch diese Phase. Er fühlt sich plötzlich schwach, und er ist überzeugt, sie findet ihn auch schwach. Er sieht sich durch ihre Augen und fragt sich: »Ist sie enttäuscht von mir?«

Nicht wirklich anders ist die Situation, wenn der Ehemann in seinen Dreißigern ist und seine Frau auf die achtundzwanzig zugeht. Er fühlt sich von ihr enttäuscht. Er hat vergessen, wie es sich angefühlt hat, selbst achtundzwanzig zu sein, und versteht nicht, warum sie ihn nicht mehr so mit Liebe überschüttet wie vorher. Es ist ziemlich egal, ob es der Mann oder die Frau ist, die durch die Krise geht, und auch, ob der Partner diese schon hinter sich hat. In jedem Fall ist Unterstützung nötig. Der Mensch, der an dieser Schwelle steht, fühlt sich verwundbar, und wenn der Partner mit Empathie reagiert, kann dies eine ungeheure Hilfe sein.

Wenn man akzeptiert, was auf einer Entwicklungsstufe wie dieser passiert – mit all den Schmerzen, die dazugehören –, und wenn man versucht, diesen Zustand zu verstehen und ihn von den inneren Anlagen her anzupacken, dann findet Entwicklung statt. Wenn die Anlagen fehlen, dann wird der Mensch vielleicht versucht sein, Auswege zu suchen. Versuchungen lauern überall, und Ablenkungen gibt es genug, um die Schmerzen in der Seele zu betäuben.

Menschen, die solche Mittel anwenden, schaffen es vielleicht, dem Schmerz zu entkommen. Unterstützung von außen kann Schwung geben und bewirken, dass sie auf traumhafte Weise über die Schwelle hinwegsegeln. Aber sie verpassen damit einen entwicklungsbedingten Prozess, und eine wichtige Gelegenheit, innerlich weiterzukommen, geht verloren. Dadurch werden sie zu einer Last für sich selbst und für ihre Umgebung. Diese Menschen sind leider eine typische Erscheinung für eine Zeit, die ihre natürlichen Instinkte verloren und noch nicht die Erkenntnisse gewonnen hat, die an ihre Stelle treten könnten.

23. Von Bindung zum Bruch

Bis dass der Tod uns scheidet. Viele Generationen lang haben diese Worte über verheirateten Paaren geschwebt, als Versicherung oder Bedrohung. Ist es ein Versprechen fürs Leben oder eine lebenslängliche Strafe? Ist es sinnvoll, für die ferne Zukunft ein Versprechen zu geben, wenn wir doch die Umstände nicht vorhersagen können, die den Grund, auf dem die Ehe geschlossen wurde, verändern können? So vieles kann sich verändern, und es *wird* sich verändern.

Diese Worte kommen im Ehesakrament der Christengemeinschaft nicht vor. Das neue Ritual erfordert ein solches Versprechen nicht. Es spricht von Absicht, von Entschluss, davon, zwei geistige Rollen zu erfüllen, eine Rolle für den Mann und eine für die Frau. Diese Rollen haben damit zu tun, für die stärkende Macht der Auferstehung offen zu sein, und damit, wie sie ihr Zusammensein beleben und fortlaufend verwandeln können, um als Einzelne und als Paar zu wachsen. Dem Mann ist anbefohlen, der Frau das Licht der Auferstehung zu bringen, es durch ihn hindurch leuchten zu lassen. Und an die Frau ergeht die Aufforderung, gemeinsam mit dem Mann »in ihrer Fülle zu gehen«, ihm zu »folgen«. Die ursprüngliche Bedeutung von »folgen« ist »voll-gehen«. Die Fülle ihrer Seele als Frau enthält in sich das Licht der Auferstehung, ein tiefgründiges Thema der neuen Christologie.

Dieser Ansatz lässt uns die Worte »bis dass der Tod uns scheidet« im zeitgemäßen Licht der biografischen Gesetzmäßigkeiten verstehen. Unser Leben hat niemals die Form eines geradlinigen Verlaufs. Es ist vielmehr wie ein wirbelnder Strom, in dem sich Strudel bilden, wenn das Wasser auf Steine trifft, um die es herumtanzt und den Kurven und Hohlräumen im Verlauf des Flusses folgt. Sich immer anpassend, hauptsächlich vorwärts strebend, aber an manchen Stellen im stehenden Gewässer festgehalten. Wie das Leben auch. Die Biografie einer Ehe ist ebenfalls voller Strudel und Wirbel, und dann auch wieder gibt es Zeiten, in denen sie stagniert. Wie die Formationen des Wassers in einem Strom, so ist auch die Ehe ein nie endendes Gewebe von Werden und Vergehen.

Es kann passieren, dass die Beziehung zwischen den Partnern stirbt. Dann ist es notwendig, dass man sich trennt, denn ohne Hoffnung auf Auferstehung würde eine Fortsetzung bedeuten, dass man sich gegenseitig zerstört. Wenn dies einzutreten droht, dann müssen wir leider erkennen, dass die Ehe für das Paar nicht länger tragbar ist.

Bis dass der Tod uns scheidet bezieht sich also nicht nur auf den Tod des Körpers am Ende des Lebens. Es kann sich auch auf den Tod eines Entschlusses beziehen, oder auf den Tod der Fähigkeit, eine enge, intime Beziehung in Form einer Lebensgemeinschaft aufrechtzuerhalten.

Es wird Menschen geben, die diese Ansicht als widersprüchlich zu dem Ideal ansehen, einen einzigen Partner für das ganze Leben zu haben. Ohne Zweifel bleibt dies das Ideal und das Ziel, und jede Scheidung ist tragisch und schmerzlich. Es sollte keine Anstrengung gescheut werden, zu einer Auferstehung der Liebesbeziehung durchzubrechen, welche die Ehe einst begnadet hat. Aber vielleicht war sie auf eine romantische Beziehung begründet, zu einer Zeit, als das Paar noch nicht die Reife oder die innere Stärke hatte, ein echtes Versprechen zu geben. In unserem Zeitalter des Individualismus bieten die Strukturen von Familie, Volk und Gesellschaft nicht mehr dieselbe Unterstützung wie früher, deshalb müssen wir akzeptieren, dass Menschen in der Wahl ihres Partners Fehler machen oder sich selbst über die Jahre so stark verändern, dass der Zusammenhang ihrer Ehe untergraben wird.

Wir haben schon den Schmerz angesprochen, den ein solcher Rückzug von einer spirituell gesegneten Ehe verursachen kann. Der Engel jedoch, der sie verbindet, muss sich ebenfalls zurückziehen. Es liegt in der Natur der spirituellen Gesetzmäßigkeiten in unserer gegenwärtigen Phase der Evolution, dass die geistigen Wesen, die uns behüten – die Engel und die Hierarchien – uns freilassen müssen, sodass wir unsere eigenen Erfahrungen machen können. Wir müssen die Entscheidungen treffen, während sie die Konsequenzen davon erleiden.

Es gibt also Ehen, die zerbrechen. Es gibt Scheidung. Keine noch so große Verdrängung kann an dieser Tatsache etwas ändern. Aber wir können an Prozessen arbeiten, wodurch Ehen gestärkt werden. Erforderlich wäre:

- mehr Umsicht, bevor man in die Ehe eintritt;
- das Streben beider Partner, sich in der Ehe zu entwickeln;
- eine ehrliche Bestandsaufnahme der möglichen Gründe, warum Ehen zerbrechen, und zwar so offen wie nur möglich.

Bevor man in die Ehe eintritt ...

- Ist unsere gegenseitige Anziehung eine ausreichende Grundlage für eine Ehe?
- Sind wir gezwungen zu heiraten?

- Verstehen wir die Gesetzmäßigkeiten der Liebe: romantische, sexuelle Liebe oder feste Beziehung?
- Sind wir auf schwierige Zeiten vorbereitet, die unweigerlich kommen werden: Krankheit, finanzielle Engpässe, die negativen Seiten des anderen, das Altern, Langeweile, Burn-out; Midlife-Krise und Krisen des Älterwerdens, die Jahre, in denen die Kräfte nachlassen, usw.?
- Haben wir gründlich verstanden, welches unsere jeweiligen Schwachpunkte sind bei Stress? Können wir damit umgehen?
- Haben wir vor, uns als einzelner Mensch und als Partner zu entwickeln?

Das Bemühen darum, uns in der Ehe zu entwickeln

Haben wir die Absicht, uns in der Ehe zu entwickeln? Geht es uns um eine Entwicklung, die das Ziel hat, uns gegenseitig zu verstehen und zu respektieren:

- in unserer Fähigkeit, seelischen Ballast zu klären und hinter uns zu lassen?
- in der Kommunikation?
- in der Art, uns Ziele zu setzen und diese Schritt für Schritt zu erreichen?

Sind wir darauf eingestellt, alles miteinander zu teilen, vor allem das, was wir an Angst, Scham und Wut in uns tragen?

Sind wir in der Lage, unsere Selbstbezogenheit so zu erweitern, dass unser Partner und unsere Kinder mit einbezogen sind?

Sind wir auf Situationen und Einstellungen vorbereitet, die unsere Ehe gefährden könnten?

Mögliche Gründe dafür, dass die Ehe zerbricht

Hier sind einige der häufigsten Gründe für ein Zerbrechen der Ehe:

1. Seitdem wir verheiratet sind, reden wir weniger miteinander und hören uns seltener zu, eigentlich fast gar nicht mehr. Nur selten sitzen wir einfach zusammen und reden.
2. Selbst wenn es nicht an Zeit fehlt, sind wir scheinbar unfähig, unsere wahren Gefühle zu kommunizieren (vor allem der Ehemann).
3. Wir haben das Interesse aneinander verloren. Der Körper des anderen ist vertraut, die Gewohnheiten sind langweilig und manchmal irritierend. Es ist kein Funken mehr zwischen uns da.
4. Unser Sexleben hat keine Spannung mehr, kein Ritual, es ist nur noch Routine.
5. Wir sind wütend oder haben Angst. Wie gehen wir mit unserer Wut und unserer Angst um? Verstecken wir sie, obwohl sie uns innerlich zerfressen?
6. Wir halten uns nicht an die Abmachungen vom Anfang unserer festen Beziehung. (Das ist vor allem in zweiten Ehen relevant, wenn es darum geht, die Kinder des anderen Partners mit einzubeziehen. Oft wird von der neuen Mutter erwartet, mit sehr komplizierten Verhältnissen fertig zu werden, und der Ehemann zieht sich zurück. Und das auch dann, wenn der Ehemann versprochen hatte, auch seinen Teil zur Erziehung der Kinder beizutragen.)
7. Eine unterschwellige, gegenseitige Ablehnung hat sich in unser Alltagsleben eingeschlichen. Wir distanzieren uns von dem, was dem anderen wichtig ist.

8. Wir vernachlässigen unsere Ehe und pflegen sie nicht mehr, indem wir unsere Ideen und Interessen, unsere Begeisterung und unsere Erfahrungen austauschen.

9. Vorwürfe, die anfänglich unterdrückt wurden, treten jetzt deutlich zutage. Wie zum Beispiel die Tatsache, dass wir uns entschieden hatten, wegen einer Schwangerschaft zu heiraten, die zu dem Zeitpunkt nicht erwünscht war. Oder dass deine Familie nie wirklich fand, ich sei gut genug für dich und passe zu dir.

10. Unsere Ehe ist tödlich verletzt, weil einer von uns eine Affäre hatte.

11. Am Anfang habe ich dich vergöttert. Nun, da ich dich besser kenne, kann ich das nicht mehr.

12. Ich kann mit deinen Stimmungsschwankungen nicht umgehen, mit deiner allgemeinen Launenhaftigkeit. Ich weiß nie, woran ich bin.

13. Was dich interessiert, berührt mich nicht, es lässt mich kalt.

14. Du scheinst nicht daran interessiert zu sein, wer ich wirklich bin.

15. Ich hatte so eine unglückliche Kindheit, es fällt mir jetzt alles wieder ein. Ich habe das Vertrauen verloren. Ich vertraue niemandem, nicht einmal dir, wenn du mir sagst, dass du mich liebst. Schlimmer noch: Ich klammere mich an mein Gefühl, nirgends erwünscht zu sein. Ich tue mir gerne selber leid.

16. Sie: Ich weiß nie, welche Rolle ich für dich spielen soll: Ehefrau, Mutter, Sexobjekt, Berater, Hausfrau, Amme, Bettvorleger. Deine Erwartungen wechseln ständig, und du wirst ärgerlich mit mir, wenn ich ihnen nicht entspreche.

17. Er: Ich habe Angst, dich zu verlassen. Ich zweifle daran, dass du damit fertig werden wirst, und ich habe Schuldge-

fühle. Heißt das, wir bleiben weiterhin zusammen, obwohl wir uns immer mehr auseinanderleben?

18. Beide: Ich habe Angst davor, dich loszulassen. Allein
    schaffe ich das nicht.
19. Du bewirkst, dass ich mich ohnmächtig fühle.
20. Ich habe das Vertrauen in mich verloren, ich halte mich
    nicht mehr für liebenswert.
21. Du nörgelst dauernd an mir herum.
22. Ich kann nicht einfach nur allein leben (Schuldgefühle),
    und ich kann auch nicht einfach nur für dich leben (Anti-
    pathie, Eifersucht).

Untreue

Eine Ehe kann in Aufruhr geraten, wenn einer der Partner her-
ausfindet, dass der andere eine intime Beziehung mit einem anderen Menschen hat. Das kommt oft vor, und häufig ist es das
Ende der Ehe. Wie kommt es dazu? Und wie kann man eine solche Situation heilen?

Das Normale ist, die Untreue eines Ehepartners zu verurteilen. Der andere Partner fühlt sich verletzt, verraten, betrogen
und abgelehnt. Diese Gefühle gehen sehr tief, sie erschüttern das
Grundvertrauen ins Leben. Bevor man aber verurteilt, ist es
wichtig, sich daran zu erinnern, dass der verletzte Partner vielleicht einen Teil der Schuld trägt. Es ist unwahrscheinlich, dass
jemand, dessen Ehe glücklich und erfüllend ist, eine sexuelle Beziehung außerhalb der Ehe suchen würde. Wenn dagegen Kommunikation und gegenseitige Achtung abnehmen, kann sehr
wohl ein Hunger nach neuer Intimität entstehen, auch wenn
dies nur als gelegentliche Lösung betrachtet wird und in keiner
Weise als Anfang einer neuen Beziehung, die Konkurrenz be-

deuten könnte. Ein Mann lässt sich normalerweise aus verschiedenen Gründen auf Affären ein. Vielleicht will er dem Gefühl entfliehen, aufgrund einer Midlife-Krise oder einer Krise des fortgeschrittenen Alters, unzureichend zu sein. Vielleicht hat er das Gefühl, dass sein romantisches (sexuelles) Eheleben langweilig geworden ist, und er möchte sich selbst etwas beweisen. Vielleicht fühlt er sich in seinem Berufsleben oder aus einem anderen Grund verunsichert. Auf jeden Fall hat er das Bedürfnis, auszubrechen. Diese Gründe haben mit einem Dilemma in ihm selber zu tun – und damit, dass er sein Selbstbild aufrechterhalten möchte: »Siehst du, ich bin immer noch romantisch, attraktiv, jung.« Wen er davon in erster Linie überzeugen möchte, das ist er selbst. Oder er trägt einen stillen Vorwurf gegen seine Ehefrau mit sich herum, möglicherweise, weil sie seine Schwächen zu gut kennt und er sich ihr gegenüber verwundbar fühlt. Ein neuer Partner wird ihm den Spiegel nicht ganz so schonungslos vorhalten.

Es gibt einen weiteren möglichen »Grund«, der vielleicht sehr psychologisch klingt, aber doch in Betracht gezogen werden sollte. C. G. Jung war der Auffassung, dass jeder Mann seine männliche Seele oder Persönlichkeit hat, seinen *Animus,* welcher seine überwiegende Seelenfärbung ist, aber dass er ebenfalls seine weibliche Seite hat, seine *Anima,* die sozusagen im Schlafzustand bleibt, bis sie so weit ist, dass sie erscheinen kann, wenn ein günstiger Moment oder ein Ereignis dieses ermöglicht. Da der Animus eines Mannes einseitig ist, wird ihn seine ursprüngliche Suche nach einem Partner nach jemandem suchen lassen, der ihn durch sein »Anderssein« ergänzt. Ein Mann hat also die Tendenz, eine Frau zu heiraten, die andere Begabungen hat als er selbst.

In späteren Jahren, ungefähr zwischen fünfundvierzig und fünfundfünfzig, fühlt er, dass die Anima in seiner Seele sich zu regen beginnt, und er wird nun mit Begeisterung auf eine jüngere Frau reagieren, die ein weibliches Gegenstück zu ihm ist. Er verliebt sich, sie spiegelt ihm all das zurück, was seine eigene Anima ist. Sie ist keine Bedrohung seiner Männlichkeit, im Gegenteil, sie harmoniert damit. Die junge Frau ist überwältigt und wahrscheinlich entzückt über seine überschwängliche Aufmerksamkeit. Starke Gefühle steigen plötzlich in ihm auf, aus Tiefen, von denen er gar nichts wusste. Es ist seine Renaissance, und er wird plötzlich zu einem jungen Florentiner.

Mit all den Problemen einer heimlichen Affäre zieht er die junge Frau in seine bereits anspruchsvolle Lebenssituation, bis diese – meistens dank ihres Gefühls dafür, was anständig ist, und dank der Haltung ihrer Familie und Freunde – die Beziehung beendet und der Mann sozusagen verlassen am Ufer zurückbleibt. Vielleicht beginnt er erst jetzt, sich zu fragen, worum es überhaupt ging. Und dann realisiert er, dass diese junge Person für ihn nur wie ein Symbol war, eine Personifizierung seiner eigenen schlummernden Anima. Diese ist durch die Begegnung geboren worden und kann sich nun als neue Seite seiner Persönlichkeit offenbaren. Sein Denken wird mehr von der rechten Gehirnhälfte bestimmt, er zeigt mehr Wärme, er wird großzügiger. Er ist durch diese ganze Affäre hindurchgegangen, ohne sich des Risikos bewusst zu sein. Nun wird ihm klar, wie glücklich er sich schätzen muss, eine Frau und Familie zu haben, die ihn ja auch wegen seines himmelschreienden, peinlichen Abenteuers hätten hinauswerfen können. Wahrscheinlich ist er jetzt weiser und demütiger und insgesamt ausgeglichener in seiner Persönlichkeit. Aber er hat einiges zu reparieren, in seiner Ehe, bei seiner Frau und bei sich selbst. Dieses Szenarium zeigt, wie selbstbezogen ein Mann oft sein kann. Die junge Frau ist auch nicht ohne Schaden davongekommen und muss ebenfalls einen Heilungsprozess durchmachen.

Oft genug führt eine solche Affäre zur Scheidung, der Mann heiratet die junge Frau und begründet eine neue Familie. Es kann glücken, aber die erste Ehefrau bleibt verletzt und verwirrt durch diese seltsame, unvorhergesehene Wendung des Schicksals zurück, und dass die Kinder erheblich darunter leiden, ist unvermeidlich.

Eine Frau mag ganz anders in die Ehe gehen als ein Mann. Für sie gilt das Eheversprechen ohne Einschränkung, sie konzentriert ihre Liebe auf den Mann, der ihr Sicherheit, Erfüllung und seinerseits Liebe bietet. Sie bringt Opfer für ihn, aber sie sieht dies nicht als irgendeine Art von Verzicht oder Einschränkung. Die Ehe ist für sie der Boden, auf dem man ein erfüllendes Leben aufbauen kann – ein Leben, in dem man nicht nur hegt und pflegt, sondern auch beschenkt wird und innerlich wächst. Man sagte früher: »Ein Mann wird geheiratet, eine Frau heiratet.« Heutzutage sind Frauen selbstständiger und bauen sich mit ihrem Beruf, ihrer Karriere und ihren Interessen eine alternative Basis für ihr Leben auf. Dadurch sind ihre Erwartungen an die Ehe und an den Mann weniger naiv und vertrauensvoll als noch vor einigen Generationen, aber selbst heute geht die junge Frau mit hohen Erwartungen in die Ehe und ist bereit, alles zu geben. Und wenn dem Anschein nach alles gut läuft, wird sie – anders als der Mann – keine Affären suchen. Untreue passt nicht in ihre Sicht vom Leben. Umso schmerzlicher und verwirrender ist es, wenn sie bemerkt, dass ihr Mann sich herumtreibt und sie betrügt. Außer natürlich, das Paar hat sich geeinigt und akzeptiert andere Verbindungen als Teil seines Lebensstils, der von Einengungen, Besitzansprüchen, Verdacht und Unsicherheit frei ist. Nur: Ist das eine Ehe?

Dennoch, warum im einzelnen Fall jemand untreu war, bleibt meist ein Geheimnis. Es lässt sich schwer beurteilen. Wer kann wirklich wissen, worum es ging? Der Schuldige wurde von allen möglichen Motiven, Bedürfnissen und Sehnsüchten getrieben, und niemand kann wissen, woher sie kamen und wie stark sie gewirkt haben. Niemand kann das wissen, und deshalb sollte niemand verurteilen. Am ehesten kann noch ein verständnisvoller Berater helfen, ein klareres Verständnis der Lage zu bekommen. Aber niemand, nicht einmal der verletzte Partner kann es wirklich wissen, denn niemand kann die Erfahrung eines anderen Menschen nachvollziehen. Dessen müssen wir uns bewusst sein, bevor wir den ersten Stein werfen.

Heilung

Kann man verzeihen? Kann Untreue zum Guten gewendet werden, sodass die Ehe vielleicht sogar einen Gewinn davon hat? Ein solches Ereignis versetzt den Partnern einen Schlag, das ist unvermeidlich, das Gefüge ist auseinandergeraten. Vielleicht war die Ehe zur Routine geworden, und auf einmal wird es dramatisch. Was notwendig ist, um die Ehe wiederherzustellen und dem verwundeten Partner wieder Sicherheit zu geben, ist an erster Stelle, dass die Partner miteinander reden, ihr Herz öffnen und die Gefühle des anderen wahrnehmen, die vielleicht zum ersten Mal so ausgedrückt werden können. Beide Partner befinden sich in einer Krise, und die Ehe ebenfalls. Sobald die Emotionen in Fluss geraten, werden die Spannungen nachlassen, und Augenblicke der Ehrlichkeit und Aufrichtigkeit werden eintreten. Dieses gegenseitige Mitteilen braucht vielleicht die Anwesenheit einer dritten Person, eines erfahrenen Eheberaters. Ohne dies würden sich beide Partner allein und verlassen fühlen. Das Gefühl der Ablehnung und des Verlassen-Seins der einen Seite, die Frustration und vielleicht Schuldgefühle der anderen, dazu Wut und Angst in beiden, all das wird unvermeidlich

Erinnerungen wecken, die lange im Unterbewusstsein vergraben waren. Der normale jugendliche Schwung noch aus Zeiten der Kindheit wird durch das Erlebnis von Ablehnung, Schuld und Frustration verletzt, das ist nicht zu vermeiden. Schmerz und Scham, die unterdrückt wurden, können in dem qualvollen Aufruhr nach einem »Betrug«, wenn man versucht, sich wieder zu begegnen, nach oben kommen. Vielleicht kommt etwas heraus, das man dem anderen noch nie gesagt hatte, dann war das ein weiterer Betrug. Aber es entsteht auch etwas Positives. Ein Betrug ist nur möglich, wenn es vorher gegenseitiges Vertrauen gab, und beide sind so verwundbar geworden, dass sie das Vertrauen verloren haben. Dies beweist, wie zerbrechlich die Beziehung ist.

Der nächste Schritt ist dann, sich an den Bund zu erinnern und diesen zu erneuern oder zu ersetzen: das grundlegende Übereinkommen, das die Partner getroffen haben, als sie anfangs zusammengekommen sind. Vielleicht gab es keine klare Absprache, nur Wunschdenken, welches die Euphorie der romantischen Seligkeit begleitete: »Es wird mit Sicherheit für immer halten, und niemand könnte jemals deinen Platz einnehmen.« Kann man den Bund erneuern? Oder braucht man jetzt vielleicht einen neuen Bund, der die gegenwärtigen Hoffnungen und Ziele des Paares widerspiegelt? Der verletzte Partner wird vielleicht mehr Unabhängigkeit in der Ehe fordern. Vielleicht wird er auch beschließen, künftig weniger emotional abhängig vom anderen zu sein. Oder derjenige, der »gesündigt« hat, muss vielleicht einen neuen Sinn im Leben finden. Wenn sie ihr gemeinsames Leben anschauen und ihre Gefühle miteinander teilen, ist es für beide Partner sinnvoll, die Frage zu stellen, was letzten Endes diesen Aufruhr verursacht hat.

Gab es zu einem früheren Zeitpunkt im Leben Verluste, welche einen oder beide von ihnen betrafen, über die man aber nie ausreichend getrauert hat? Der Tod eines Kindes zum Beispiel, oder ein Schock, der nicht verarbeitet wurde? Solche Ereignisse können Jahrzehnte zurückliegen, und nun wurde die verdrängte Erinnerung durch ein neues Ereignis berührt und hat einen oder beide Partner in eine Depression gestürzt. Die Ursache war unbewusst geblieben, weil sie zum damaligen Zeitpunkt noch nicht richtig verstanden worden war.

Es gibt auch Rhythmen in der menschlichen Biografie, die plötzliche Wechsel in der Stimmung, der Lebenserwartung und allgemeinen Lebensfreude ankündigen können. Die sogenannten Mondknoten finden alle 18 Jahre, 7 Monate und 11 Tage statt, und der zweite Mondknoten (um den Zeitpunkt 37 Jahre und 3 Monate) und der dritte (um 55 Jahre und 10 Monate) haben eine ähnliche Bedeutung. Ein Mondknoten kann eine kritische Zeit sein, der eine kurze Periode der Verunsicherung einleitet oder schwankende Stimmungen hervorruft. Auch das könnte die Affäre erklären. Dies sind problematische Zeiten, in denen man versucht ist, sich gegen Routine und die vorhandene Ordnung im eigenen Leben zu wehren. Es handelt sich jedoch um mögliche Wendepunkte der Biografie, die einen Neuanfang einleiten können.

Wenn dann von beiden Seiten der Versuch unternommen worden ist, die Gründe der Untreue zu entdecken, sind die nächsten Schritte Reue, Verzeihen und Versöhnung. War der Rückblick auf die Ereignisse ehrlich und offen, dann wird die Bitte um Verzeihung nicht nur einseitig sein. Und entsprechend auch nicht das Verzeihen. Das Vergeben sollte in zeitlicher Nähe zu den Verletzungen und bitteren Gefühlen und an dem Schaden, der durch das Versagen angerichtet wurde, stattfinden. Der Zusammenhang muss da sein. Verzeihen ist schwer, und dazu gehört, dass man das Gift und die Spannungen, die durch die Verletzung hervorgerufen wurden, mit der Wurzel ausreißt. Verzeihen ist eine spirituelle Tat und erfordert spirituelle Hilfe, dazu gehören das Gebet, die Meditation und das Ritual. Verzeihen macht einen Menschen verletzlich.

Denn die Anklagen müssen ein Ende haben, und das geht nur, wenn sowohl der Kläger wie auch der Angeklagte einsehen, dass sie zuvor eine Schwäche oder Schuld verborgen hatten, die unerkannt geblieben war. Damit man Gemeinschaft bilden oder aufs Neue herstellen kann, muss jeder Teilnehmer seine Schwächen eingestehen. Jede Gemeinschaft sollte die eingestandenen Schwächen ihrer Mitglieder als Grundlage haben. Wenn sich das Paar versöhnen möchte, dann ist es für die Neubegründung der Gemeinschaft notwendig, jegliche Rechthaberei fallen zu lassen. Sie müssen sich auf Augenhöhe begegnen.

Wir können hier nicht ausführlich auf das Thema des Verzeihens eingehen. Aber es gibt sehr gute Bücher dazu, zum Beispiel von Paul Coleman und Sergeij Prokofieff.[16]

Scheidung

Wann kann man entscheiden, dass die Ehe irreparabel ist?

- Wenn das Verzeihen nicht gelingt und sich die Verbitterung nicht auflösen lässt.
- Wenn die Partner sich gegenseitig ihren Wert absprechen und nur noch die dunkle Seite des anderen sehen.
- Wenn Eheberatung oder Arbeit an der Partnerschaft das Paar nicht zu einer neuen Einstellung geführt hat.
- Wenn ein Partner panische Angst vor dem anderen hat.

---

16 Paul W. Coleman, *The Forgiving Marriage*. Contemporary Books. Chicago, 1989; Sergej O. Prokofieff, *Die okkulte Bedeutung des Verzeihens*. Verlag Freies Geistesleben, Stuttgart [3]1991.

- Wenn die Kinder ebenfalls panische Angst vor diesem haben.
- Wenn das Paar keinerlei Interesse mehr aneinander hat, weder an Gedankenaustausch, noch an emotionalem oder sexuellem Kontakt.
- Wenn Untreue trotz allem nochmals stattgefunden hat.
- Wenn ein weiteres Zusammenleben die Integrität eines Partners oder beider bedroht.
- Wenn das Paar mehr als einmal versucht hat, die Ehe zu retten, und das Misslingen bewiesen hat, dass die Ehe nicht mehr tragbar ist.
- Wenn die spirituellen Werte, von denen einer der beiden Partner überzeugt ist, von dem anderen vollkommen abgelehnt werden, und zwar auf zerstörerische Weise.
- Wenn die Entfremdung endgültig geworden ist.
- Wenn Liebe zu Hass geworden ist.

24. Die Gemeinschaft der Zukunft

Die Ehe ist nicht die einzige Art einer festen Beziehung. Freundschaft hat viele Gesichter. Aber sie ist immer noch die umfassendste von allen und berührt alle Ebenen, die in einer Beziehung möglich sind. Sie ist eine Schule, in der die Teilnehmer nie aufhören, zu lernen und sich zu entwickeln. Aber eins der Probleme der Ehe heute ist, dass sie nicht mehr durch andere Formen der Bindung getragen wird, wie die Bindung an ein Land, ein Volk oder eine Sippe. Diese sind als emotionale Bezugspunkte verschwunden. All diese Zuordnungen und Verbindungen, durch die die Menschen früher eine Heimat und Orientierung hatten, haben keine Bedeutung mehr. Und die Ehe selber – als letzte Bastion des alten sozialen Gewebes – ist infrage gestellt.

In der Tat, als Institution muss sie sterben. Aber dann wird sie als Prozess wieder auferstehen können, als eine bewegliche Kraft, welche die »Segel des Individuums« füllen kann, nun, da es sein Boot selber lenkt. Die Ehe ist kein Rahmen mehr, keine Garantie. Durch sie hindurch kann aber Fortschritt in die Welt kommen, der zur Entdeckung des Selbstes und zu einer neuen Art von Intimität führt. Diese neue Art der Intimität hat Achtung vor dem Selbst der anderen, und es bringt jeden Tag aufs Neue die Liebe hervor, die ein gemeinsames Leben und den Reifeprozess einer Familie unterstützt, die aus wachsenden, authentischen und sich entfaltenden Individuen besteht. Die Zeiten sind vorbei, in denen Kinder in eine von den Eltern und dem Erbmaterial vorbestimmte Form gepresst wurden. Heute können die Kinder wirklich kreativ werden und als authentische Personen ihre eigenen moralischen Prinzipien erarbeiten. Und sie werden dazu in der Lage sein, wenn ihre Eltern ihre Ehe auf moderne Weise geführt haben, basierend auf der neuen Liebe und einer durch die Sonne hervorgerufenen Seelenkraft, die von wahrem Fühlen durchdrungen ist. Dann würden alle ihre Begeisterung fürs Leben erneuern, aus einer inneren Freiheit heraus, die an ihre eigenen moralischen Kräfte rührt.

Der Unterschied der Geschlechter sitzt sehr tief. Er ist ein biologisches Faktum, das sich nicht ändern wird, bis sich der Mensch endgültig auf eine neue Stufe erhebt. Die Unterscheidung erzeugt Unterschiede der Seelenbeschaffenheit, die überwunden werden können, weil die Menschen sowohl männliche wie weibliche Züge in ihrer Seele tragen. Es kommt darauf an, eine Balance herzustellen, dann werden die Geschlechterunterschiede verblassen. In der spirituellen Dimension werden die Eigenschaften von Frau und Mann in archetypische Qualitäten umgewandelt. Die großen Mythen, wie derjenige von Isis und Osiris, weisen auf eine tiefliegende Dualität von Kräften hin, die aus der höchsten geistigen Ordnung entspringt. Die Dualität verlangt immer nach einen dritten Element, und so entsteht eine Triade oder Trinität.

In Bezug auf den menschlichen Geist kann also der Archetyp Frau mit dem Archetyp Mann, der maskulinen Kraft, vereinigt werden. Dies geschieht durch das Wirken des Christus. Sobald dies erreicht ist, wird eine wahre, die Geschlechter vereinende Beziehung im Menschen möglich sein, in der das Weibliche und das Männliche einander mit Verständnis und selbstloser Liebe erkennen werden. Denn das ist die Mission des Christus: die Kraft der Liebe im menschlichen Wesen zu erzeugen und zu nähren, nicht, indem die erhabenen Prinzipien männlich und weiblich in ein undifferenziertes Ganzes verschmolzen werden, sondern indem diese archetypischen Prinzipien erhoben und Teil der himmlischen Ordnung werden. Dies würde der Menschlichkeit die Kraft geben –, mit der Fähigkeit zur wirklichen Gemeinschaftsbildung ausgestattet – auf der Erde Einzug zu halten.

Diese erhabene Aussicht findet man keimhaft bereits im erneuerten Sakrament der Ehe, wie sie in der Christengemeinschaft zelebriert wird. Die Ehe hat eine Zukunft, weit über das hinaus, was wir uns heute vorstellen können. Wir können diese Vereinigung und Harmonisierung ahnen, wenn wir von der erhabenen Macht erfüllt sind, die wir in diesem Buch als *das Fühlen* bezeichnet haben. Darüber hinaus wird diese Qualität einer höheren Einheit nicht nur in der Ehe, sondern bis zu einem gewissen Grad in allen Beziehungen erlebt werden. Dadurch werden wir in Freundschaft und Liebe mit all unseren Mitmenschen leben können, durch eine Gemeinschaft, die durch Christus ins Leben gerufen wurde.

Dann werden alle Prüfungen, denen wir durch Ehe und Beziehung begegnen, eine tiefere Bedeutung annehmen. Ehepaare und ihre Kinder werden die Begeisterung spüren, die daher rührt, dass man Probleme in Chancen umwandelt, um *neue Menschen* zu werden, wie es für das kommende Zeitalter der Verbrüderung (»Philadelphia«, siehe Kap. 9) erforderlich sein wird. Ein Unternehmen dieser Größenordnung kann von Natur aus nicht einfach sein. Wenn man die eigene Begrenztheit versteht und überwindet, könnten die Krisen, welche drohen, Ehen und alle anderen Beziehungen zu zerbrechen, ins Positive gewendet werden – und damit neue Seelenkräfte freisetzen und eine neue Weisheit der Liebe entstehen lassen.

Die Herausforderungen des neuen Jahrtausends verlangen nach einer erneuerten Art von Weisheit. Unser Streben nach Beziehung bildet uns für diese neue Weisheit aus. Es war Ziel dieses Buches, einige Leitlinien anzubieten, welche uns helfen mögen, diese Weisheit zu finden.

Matthew Arnold (1822–1888), *The Buried Life*

Begrabenes Leben

Nur dann – und selten ist's –
wenn eine liebe Hand
die unsre fasst,
wenn, abgenutzt durch
Hetz' und Blendung
vieler Stunden,
die Augen in den
Augen eines andern
lesen klar,
wenn unser Ohr,
taub durch die Welt,
gestreichelt wird
vom Ton eines
Geliebten Stimme,
dann springt ein Riegel auf
in unsrer Brust,

und ein vergess'ner
Puls des Fühlens
regt sich neu.
Das Auge richtet sich nach innen,
das Herz liegt offen,
und was wir sagen,
        meinen wir auch so,
    und was wir wissen,
        tun wir gleichermaßen.
Ein Mensch fühlt wieder
seines Lebens Fluss,
er hört sein Murmeln,
sieht die Auen,
wo er gleitet,
Sonn' und Wind …

Und ungeahnte Ruhe
zieht in seine Brust.

(Übersetzung: Dorothea Sonstenes)

223